浙江金融职业学院2024年度教学改革项目
"课程思政在高职三教改革中的现实进路研究（JX202409）"
研究成果

话语分析视域下
高职英语课程思政研究

张　敏◎著

RESEARCH ON CURRICULUM POLITICS IN HIGHER VOCATIONAL ENGLISH COURSES
FROM THE PERSPECTIVE OF DISCOURSE ANALYSIS

ZHEJIANG UNIVERSITY PRESS
浙江大学出版社
·杭州·

图书在版编目（CIP）数据

话语分析视域下高职英语课程思政研究 / 张敏著.
杭州：浙江大学出版社，2024.11. -- ISBN 978-7-308-
25621-6

Ⅰ. H319.3；G711

中国国家版本馆 CIP 数据核字第 2024UU5586 号

话语分析视域下高职英语课程思政研究

张　敏　著

责任编辑　杨　茜

责任校对　许艺涛

封面设计　雷建军

出版发行　浙江大学出版社

　　　　　（杭州市天目山路 148 号　邮政编码 310007）

　　　　　（网址：http://www.zjupress.com）

排　　版　杭州星云光电图文制作有限公司

印　　刷　广东虎彩云印刷有限公司绍兴分公司

开　　本　710mm×1000mm　1/16

印　　张　11

字　　数　152 千

版 印 次　2024 年 11 月第 1 版　2024 年 11 月第 1 次印刷

书　　号　ISBN 978-7-308-25621-6

定　　价　68.00 元

目　录

第一章　话语分析基本理论

第一节　话语分析的概念内涵

话语分析植根于对现实主义语言方法的批判。它否定了社会现实具有固定的内在意义，而这种内在意义仅仅是由语言反映出来的观点。相反，它声称意义是由语言构成的，因此语言是社会世界的组成部分。费罗曼（Frohmann，1994）写道："话语分析以话语为分析对象。它的数据就是谈话；不是谈话的内容，而是谈话本身。"费罗曼把话语分析作为信息科学的一种研究方法，类似于其他定性方法。语篇是由一系列相关的陈述（视觉的和/或文本的）组成的，这些陈述指向一个特定的主题，它们创造了一种权威的语言来谈论这个有实际影响的话题。

话语分析并不把文本或图像作为关于特定话题的事实或证据的来源。它不阅读文本或分析图像以寻找"真理"，而是试图理解文本或图像所声称的"真理"，以及这种说法如何塑造社会世界。话语分析可以用来解释视觉材料，如广告、摄影或电影。这种话语分析的目的是理解这些形象是如何创造社会世界的特定视角的。话语分析将仔细分析这些图像，试图挖掘出它们所做的声明及它们是如何做出这些声明的。换句话说，它会寻找图像传达它想要表达的论点的方式。它会分析图像的组成，包括哪些元素，不包括哪些元素。与符号学分析相比,话语分析强调意义产生的历史特殊性。因此,它也将分析这些图像的创作背景和它们在社会中所扮演的角色。

一、什么是话语分析?

在最简单的形式中,话语是人们之间的口头或书面交流,它超越了单个句子。重要的是,话语不仅仅是语言。"语言"一词可以包括所有形式的语言和符号单位(甚至包括路标之类的东西),语言研究专注于单词的个别含义。语篇则超越了这一点,着眼于语言在语境中所传达的整体意义。这里的"语境"是指话语所处的社会、文化、政治和历史背景,要理解语言所表达的潜在意义,必须考虑到这一点。一种普遍的看待话语的方式是把它看作在特定的社会语境中所使用的语言,作为促使某种形式的社会变革或满足某种形式的目标的一种手段。

在定义了话语后,让我们再看看话语分析。话语分析使用语料库或数据体中呈现的语言来获取意义。这个数据体可以包括一组访谈或焦点小组讨论记录。有些形式的话语分析集中在语言的细节上(如声音或语法),而有些话语分析则关注如何使用这种语言来实现其目标。正如沃达克和克兹扎诺斯基所说:"话语分析为问题导向的社会研究提供了一个总体框架。"(Wodak & Krzyżanowski,2008)话语分析基本上是用来研究语言在各种各样的社会问题(即对个体产生消极影响的社会问题)中的语境运用。例如,话语分析可以用来评估语言是如何用于表达对金融不平等的不同观点的,并查看该话题应该或不应该如何处理或解决,以及参与者是否认可这种所谓的不平等。话语分析的独特之处在于,它假设社会现实是由社会建构的,或者我们对世界的经验是从主观的角度来理解的。话语分析超越了词语和语言的字面意义,例如,在使用大量审查制度的国家,人们的知识和观点可能会受到限制,因此与那些在审查制度较为宽松的国家的人相比,他们的主观现实会有所不同。在制度宽松的国家,人们可能享有更多的个人自由和选择权,他们可能更倾向于追求个性化和多元化的生活方式,对于新事物和新观念的接受度可能更高。然而,这种制度也可能导致社会规范相对松散,社会秩序的稳定性可能会受到一定影响。相反,在制度严密的国家,人们的生活可能更加有序和规律。这些国家的政府通常会对社会进行更为严格的管理和控制,以维护社会稳定和公共秩序。这种制度下的人们可能更加注重集体主义和团队精神,他们的行为可能更加规范和一致。在制度宽松的国家,人们的话语往往具有自由、开放和多元化的特点。他们可以更自由地表达自己的观点和想法,这种环境有助于推动创新和社会进步。同时,这些国家的人们可能更加重视个人主义和个人权利的保障,他们的言论可能会反映出对多元文化的接纳和尊重。

二、话语分析的适用情形

定性数据分析的方法有很多(如内容分析、叙事分析、主题分析),为什么要选择话语分析呢? 与所有的分析方法一样,研究目的、目标和研究问题的性质将极大地影响分析方法的选择。话语分析的目的是研究语言的功能(即语言用来做什么)和意义在不同的语境中是如何构建的。概括地说,不同的语境包括话语的社会、文化、政治和历史背景。话语分析还可以揭示很多关于权力和权力失衡的信息,包括权力是如何发展和维持的,权力在现实生活中是如何表现的(例如,由这种权力所造成的不平等),以及如何使用语言来维持权力。例如,可以观察和比较权力较大的人(如首席执行官)与权力较小的人(如级别较低的员工)说话的方式。

话语分析是一种定性的研究方法,它关注的重点不仅包括文本的语言学分析,还包括话语实践的生产和消费过程,以及社会文化实践中的权力关系和意识形态。此外,话语分析也强调对话语事件所在的机构和组织环境的理解,这是解释话语实践的基础。在研究方法上,话语分析有多种选择,包括实证主义、语言学、诠释主义等,比如会话分析、批评话语分析(Critical Discourse Analysis,CDA)等都是特点鲜明的研究方法。话语分析可以帮助我们更加深入地了解话语是如何被组织、使用和理解的,它既涉及符号学和语言学的基本理论,又与实际的社会文化背景紧密相关。此外,从理论来源上看,话语分析受到了英美语言学传统的影响(如会话分析和批评性话语分析),也受到发源于法国的后结构主义的影响。

第二节 多模态话语分析

韩礼德(Halliday)等指出,文本并不局限于语言;除了口头语言和书面文字,还有许多其他资源可以用来创建文本。也就是说,话语不仅存在于语言中,还存在于许多不同的形式中。[①] 这些语义模式是创建意义的资源。多模态话语结合各种符号模式的意义,构建资源,创造意义。然而,语言本身并不能完全解释复杂的多模态话语的意义,这就促进了多模态话语分析的出现,以满足理论适用于解释多种符号模式的需要。因此,为了充分理解多模态话语的意义,除了语言模态外,还需要考虑其他符号模态。近二十年来,多模态话语分析已经成为多模态话语表达图像、颜色、声音等意义的方式。它发展迅速,对学术界影响深远。在这一部分,将对国内外多模态语篇分析的巨大发展和成就进行综述。

多模态话语分析是一种研究方法,它关注单一感官的多符号话语或多感官的多符号话语。这种方法不仅包括语言,还整合了与语言相关的其他符号资源,如图像、音乐、颜色等。在具体的理论构建上,多模态话语分析主

---

① Halliday,M. A. K. & Hasan,R. Language,Context and Text: A Social Semiotic Perspective[M]. Geelong: Deakin University Press,1985.

要基于系统功能语言学,这种理论认为语言以外的其他符号也是意义的源泉,并把语言的社会符号所具有的三大元功能,即概念功能、人际功能和语篇功能延伸到除语言之外的其他符号。

此外,多模态话语分析的研究方法也在不断完善和发展。例如,由约翰·A. 贝特曼在 2008 年提出的体裁和多模态(Genre and Multimodality)模型,该模型结合语言理论、布局设计和计算机技术,对页面和文档进行科学分析,并对相关的多模态语料库进行标注和检索。另外,目前该领域已经逐步形成了包括系统功能多模态话语分析、多模态互动分析和语料库语言学多模态话语分析在内的三种主要的理论方法。

一、多模态话语分析的研究现状

多模态话语是指语言与其他符号资源共存,共同建构意义的现象。它不仅包括文字语言,还整合了与语言相关的其他符号资源,如图像、音乐、颜色等。例如,在一则广告中,语言(如广告词)用于传达信息,图像和颜色可能用于吸引注意力或强化信息,音乐则可以营造氛围。这些不同的符号资源相互协作,共同构建和传递完整的意义。随着话语分析理论的发展及科技进步所带来的新的交际方式和信息传播渠道,人们开始关注与语言相关的其他符号资源。多模态话语分析已成为话语研究发展的必然趋势。这是因为它可以将语言和其他相关的意义资源整合起来,既可以看到语言系统在意义交换过程中所发挥的作用,又可以看到诸如图像、音乐、颜色等其他符号系统在这个过程中所产生的效果,从而使话语意义的解读更加全面、更加准确。

多模态话语是一种利用听觉、视觉、触觉等感官,通过语言、图像、声音、动作等手段和象征性资源进行交流的现象。西方学者是多模态理论的倡导者和早期研究者。美国学者哈里斯(1952)首先提出了话语分析理论。该理论的主要目的是从语言符号系统的角度来研究话语的内涵和意义,为多模态话语的概念奠定了基础。随后,多模态话语分析理论应运而生,并逐渐扩展到各个领域,成为一种跨学科的研究理论。后来,巴特是第一个提出多模态语篇分析的西方学者。他的作品《意象修辞》(1977)阐述了意象与语言之间的互动关系,关注如何在更好地传递信息的过程中达到恰当的效果。他关注不同模式之间的相互作用。多模态语篇分析是 20 世纪 90 年代兴起的一门新兴学科。根据 Jewitt(2009)的研究,国外研究多模态语篇分析的学者可以分为四个学派,即社会符号学派、系统功能语法学派、行为理论学派和认知语言学派。

系统功能语法学派已逐渐成为多模态语篇分析的重要组成部分,本书将对该学派的概况进行概述。O'Toole(1994)对雕塑、展览艺术和建筑等符号提出了一种自下而上的语法分析方法。Kress 和 van Leeuven(1990)在《阅读图像:视觉设计语法》(*Reading Images:The Grammar of Visual Design*)一书中提出了一种以意识为导向(自上而下)的语境分析方法。他们对多模态话语分析理论进行了详细的阐述,并对相关研究产生了深刻的影响。Kress 和 van Leeuven(2001)给出了视觉图像的系统框架:代表意义、互动意义和构成意义。他们的多模态话语分析系列著作为多模态话语分析理论的建立和发展奠定了重要的基础。

学术论文《多模态话语的社会符号学分析》(李战子,2003)介绍了国内多模态话语分析的研究情况,详细阐述了 Kress 和 van Leeuwen 的视觉语法,引起了国内学术界的关注及其在各个领域的应用。胡壮麟(2007)研究了多模态符号学与多媒体符号学的区别,指出人类已经进入了一个多模态的新时代。朱永生(2007)研究了与多模态分析密切相关的四个问题:(1)多模态话语分析的起源;(2)话语分析的概念;(3)多模态话语分析的原则和理论基础;(4)多模态话语分析的意义、内容和方法。张德禄(2009)在系统功能语言学理论的基础上提出了一个综合的多模态语篇分析框架,指出多模态语篇可以从不同的方面进行研究,比如媒介、形式、文化、语法和语篇意义。这些学者对多模态语篇分析的理论基础和研究进行了总结和验证。

顾曰国(2010)对多媒体多模态学习进行了初步分析。张德禄和王群(2011)解释了图像和语言作为社会符号是如何共同作用并形成整体意义的。张辉和展伟伟(2011)探讨了广告中多模态隐喻和转喻的动态构建过程及多模态隐喻和转喻广告中形象与文本的关系。此外,李战子和陆丹云(2012)对图像与文本关系研究的背景进行了梳理。

二、多模态话语分析的研究方向

除了以上研究外,多模态分析理论近年来在不同领域的研究受到众多学者的关注。它主要可以分为五个研究方向:图文关系、多媒体话语、教材、教学、多模态语料库。

第一个方向是图像与文本关系的多模态研究。汪燕华(2010)研究了多模态话语中图像与文本的关系。从分析的角度出发,王改娣和杨立学(2013)从文化、意义、情态三个层面对英语诗歌进行分析和研究。孙毅(2012)从形象、色彩、错别字形象设计等方面对 2011 年西安世博会会徽进行了分析。这种符号资源具有与语言相同的意义建构功能。

在中国的多模态话语分析研究领域,多媒体话语构成了第二个新兴的研究方向。这一话语形式属于语言学研究范畴,其核心内容涉及信息通过图像、文字、视频和数字音频等多种媒介方式进行传递与接收。例如,胡壮麟和董佳(2006)在研究中,选取了 23 个 PPT 演示文稿作为样本,采用多模态分析方法探讨了计算机技术如何介入文本传达。进一步地,从文化语境的视角出发,冀芳(2013)深入分析了微电影的内容层面和表达层面。这些工作都基于多模态话语理论进行了系统的阐述。

在中国的教育研究领域,多模态教材研究构成了教学发展的第三个研究方向。这种教材融合了文字、图片、视频、音频和图表等元素，它们可以同步展现或者依照特定次序呈现。曾方本（2010）在研究中着重从理论背景、理论内容等方面评述多模态语篇里的三种图文关系理论——图文地位论、图文位置论和图文系统论，并比较它们的异同，从而以图文地位论为基础归纳出三种图文语篇模式。张德禄和张淑杰（2010）对多模态外语教材进行了分类，并总结了其基本特性和几种类型，包括传统的纸质版本、数字化的电子版本及实物示范性教材，同时讨论了编写这些教材时需要遵循的宏观策略和具体准则。

第四个研究方向是多模态教学的研究。胡雯（2011）探讨了多模态话语分析在英语教学中的应用。刘秀丽、张德禄和张宜波（2013）对外语教师多模态话语与学生积极性的关系进行了研究。

第五个研究方向是多模态语料库的研究。近年来，一些学者也开展了多模态语料库的研究。顾曰国（2007）介绍了多模态语料库的语言学方法。王立非和文艳（2008）介绍了多模态分析软件 ELAN 及其主要功能。张德禄（2012）进行了多模态话语分析的设计。付磊（2010）将多模态理论引入计算机辅助教学软件评价中，认为 CAI 软件评价的发展可以促进外语教学多媒体软件的设计与制作。

可以看出，理论研究和实证研究领域都已经日趋成熟。同时，国内多模态话语分析的研究领域和研究视角有所不同，反映了该领域研究的多元化。

三、课程思政话语的多模态话语分析

课堂中课程思政元素的多模态话语分析涉及对教学过程中使用的多种交流形式（如语言、图像、手势、音乐、空间布局等）进行综合研究，以揭示如何通过这些不同模态传达和强化思想政治教育的内容和价值。教师在融合课程思政话语时可以整合不同模态的资源，在设计课程内容时，融合文字、图片、视频、音频等多种资源,构建丰富的学习材料。例如,使用历史照片、英雄人物的画像、爱国歌曲及相关的纪录片片段来增强学生对某一政治理念或历史事件的理解。教师在讲授思政元素时,其语气、表情、肢体动作等非言语交流方式也非常重要。例如,在讨论国家英雄时,教师可以通过庄重的语气和尊敬的姿态来表达敬意。可以开展角色扮演、辩论、模拟会议等教学活动,让学生在模拟的社会实践中亲身体验并运用课程中的思政元素,这种互动式的学习可以深化学生的认识。教师或者教育管理者要意识到教室内的物理空间布置也可以作为传达思政元素的一种模态。例如,悬挂国旗、展示社会主义核心价值观标语、布置具有民族特色的装饰物等,都可以营造出有利于思政教育的环境。另外,PPT、教学软件、互动白板等现代教学工具,可以有效地将文字、声音、图像和动作结合起来,使抽象的政治概念更加形象化和具体化。教师要鼓励学生对使用的多模态话语进行分析和反思,理解它们是如何构建特定的政治意义和社会价值的,以此培养学生的批判性思维。同时,结合文学、历史、艺术等多个学科的内容,通过多模态的形式展现课程思政的丰富性,帮助学生从多个角度理解和吸收思政教育的内涵。

综上所述,多模态话语分析为教师提供了一种强有力的工具,使他们能够在课堂上以多样化的方式呈现和加强课程思政的教育效果。通过各种模态的相互作用,学生的感官被多重刺激,从而可以更深入地理解和体会课程中的思政元素。

在高职英语课堂中,使用多模态话语分析来促进课程思政元素的融入,可以通过以下方式实现。

(1)教材和作业的设计:选择或设计与思想政治教育相融合的英语教材,其中可以包括涉及中国文化、历史、社会发展及国际视角下中国的国际角色和贡献等主题的材料。安排写作、阅读或观看后的反思性作业,如读后感、影评等,鼓励学生从思想政治的角度去思考和分析所学内容。

（2）整合多媒体资源：利用视频、音频、图片等多媒体资源，展示中国的发展成就、文化遗产、现代生活等方面的内容，使学生在学习语言的同时了解和思考相关的社会和文化问题。教室布置可以反映中国特色和社会主义核心价值观，例如挂图、标语等，创造一个有利于思政教育的学习环境。

（3）设计多种教学方法：组织以英语进行的讨论和辩论活动，话题可以是当前中国的社会经济问题、国际关系、全球化的影响等，引导学生用英语表达自己的观点和理解，同时加深其对课程思政元素的理解。采用真实的社会案例，让学生通过角色扮演、小组讨论等形式，分析案例中的思政元素，培养学生的社会责任感和批判性思维。鼓励学生通过项目、演示、研究报告等方式参与到课堂活动中，这些活动可以围绕社会问题、道德教育或者公民责任等议题进行。

（4）教师角色与行为：教师不仅是信息的传递者，也是引导者和榜样。在授课过程中，教师应积极展现自己对社会热点问题的关心和立场，以自己的言行影响学生。同时，教师也可引导学生对社会热点问题进行思考和分析，提高他们的思考能力和判断能力。

综上所述，通过多模态话语分析，高职英语课堂可以更加生动、有效地将课程思政元素融入语言教学中，帮助学生在学习语言的同时增强社会责任感和提升价值观念。

第三节　批评语言学和批评话语分析

20 世纪 70 年代，英国东英吉利大学的一群韩礼德学派语言学家在研究不同场景下语言应用时开始使用"批评语言学"这个术语。Hodge 和 Kress（1993）①认为语言结构和社交结构之间存在强烈的、普遍的联系，话语不可

---

① Hodge, R. & Kress, G. Language as Ideology[M]. 2nd ed. London: Routledge, 1993.

能独立于社交意义而存在。他们坚决反对当时的语用学研究(例如言语行为理论)和拉博夫定量社会语言学。

一、批评话语分析和批评语言学的不同

以索绪尔、布鲁菲尔德和乔姆斯基等为代表的语言学家认为,语言是一种抽象系统,其中语音、词汇、句法等要素自给自足、自我适应和自我调节。美国的结构主义语言学受当时自然科学研究方法的影响,试图将语言学作为一门经验科学,主张把语言独立于其所处的社会语境,孤立地对语言进行描写。批评语言学则是对长期处于主导地位的结构主义语言学的挑战,当然在理论上也对其形成了补充。批评语言学的研究核心是在交际语境中语言形式发挥的各种功能,认为语言和语言的运用无不渗透着多元的价值观,批评语言学旨在为理解这些价值观提供一套系统和方法。

可见,批评话语分析与批评语言学都是从批评的视角研究话语,然而它们之间还是存在显著的区别。批评语言学主要从语言的角度研究诸如不平等、种族歧视等社会问题,试图通过分析语言结构来揭示语言所表达的社会意义,并通过语言的运用建立和维系社会权力关系。相较之下,批评话语分析则在更广阔的社会环境中研究语言的运用,它不局限于系统功能语言学的范畴,而是吸收了社会科学中"话语"的概念,以及批评社会科学和对后现代社会变革批评研究的成果。此外,批评话语分析通常带有意识形态批判的目的,并结合了社会学、后马克思主义(比如新霸权主义)和社会语言学等研究方法。因此,可以说,批评话语分析在一定程度上是对批评语言学的继承和发展,它在弥补批评语言学的缺陷的同时,也拓宽了其批评视角。

二、批评话语分析的定义、目的和原则

批评话语分析概念是由英国东英吉利大学的学者罗杰·福勒(Roger

Fowler)和其团队在20世纪70年代提出的。它是一门研究语言与社会之间关系的社会语言学分支,关注如何通过语言分析和揭示社会中的权力关系、意识形态和偏见等问题。批评话语分析坚持认为,语言并非一种客观透明的交际媒介,它对社会过程具有重要的干预作用;而话语是一种社会实践,其特点虽然取决于社会结构,但也反过来影响社会结构。因此,通过分析语言结构及其使用情况,可以揭示出语言所表达的社会意义,以及语言如何建立和维系社会组织间的权力关系。1989年,诺曼·费尔克拉夫(Norman Fairclough)进一步优化了批评话语分析的概念。他认为批评话语分析的价值在于它可以和其他理论一起成为研究社会和文化变革的方法,为反对剥削和统治提供能量。费尔克拉夫主要聚焦于权力话语和机构话语的研究,强调不同形式的社会活动间的互文性,例如作为社会行为的"教育体系"与"广告"之间的关系。他认为语言应用是同时反映社会身份、社会关系和知识与观点的系统。批评话语分析以韩礼德的系统功能语言学为基础,主要研究公共话语和非文学性话语,强调在一定社会和历史背景下,分析话语的生成、传播和接收,从而揭示语言、权力和意识形态间的关系。

批评话语分析是将语言看成社会活动形式的跨学科研究话语的方法,聚焦在文本和谈话中重构社会政治统治的方式。批评话语分析着重解决话语层面的权力滥用及其所导致的不公平和不平等问题。如戴克(Dijk)所言:批评话语分析是一种话语分析研究,主要研究在社会和政治背景下,社会权力的滥用、支配和不平等通过文本和谈话被制定、再现和抵制的方式。通过这种对持不同政见的话语的研究,批判性话语分析家采取了明确的立场,以期能够理解、揭露并最终抵制社会不平等。此分析方法因其批判的视角和强烈的社会关怀备受学界关注,同时也饱受批评与责难。然而,无论如何,批评话语分析作为一种理论工具,为我们理解社会问题提供了新的视角和方法,对于社会科学研究具有重要的意义。

费尔克拉夫在1995年提出了批评话语分析的三大目标:首先深入剖析

话语在特定时空背景中与社会文化结构、互动和演变之间的联系；其次考察这些特定时空背景下的话语如何与权力结构相互影响；最后研究话语在社会层面上如何参与到权力结构和霸权形态的建构与支撑中。

批评话语分析主要聚焦社会问题和政治事件，而不是当前的范式和潮流，对于社会问题的分析经验丰富，其批评分析经常是多学科的。其不仅仅描述话语结构，更要试图从社会交互特点，尤其是从社会结构角度进行解释。更具体地说，批评话语分析关注话语结构如何建立和确定社会权力和统治的关系，使其合法化，或复制、挑战这种关系。

三、批评话语分析的方法论

批评话语分析主要有三种方法，分别是系统功能语法分析、语篇体裁交织性分析、历史背景分析。三种方法各有侧重又相互补充，使话语分析成为传统社会文化分析的重要补充，同时也是一种社会活动，促进人类社会的进步。

（一）系统功能语法分析

系统功能语言学是批评语言学的主要方法论理论基础，批评语言学将话语看作一种社会活动，因此特别注重对话语生成、分布和解释过程中的社会和意识形态因素的研究。系统功能语法分析的目的在于确定和分析话语中隐藏的被忽略的意识形态假设，并将其带入重新研究审视的层面。其主要研究手段有名物化（nominalization）、被动化（passivization）、原话引述（quote）、间接引述（report），其他手段还有字体的选择、照片的运用、排版的位置等，都与视觉效果有很大的关系。

（二）语篇体裁交织性分析

语篇体裁交织性指的是任何语篇都是一个长的语篇链条上的一环，既受链条上其他语篇环的影响,也影响着、改变着其他的语篇环。任何语篇都不可避免地受到各种已存在的体裁的影响,所以体裁的交织性是绝对的,只是程度不同。一般来说,语篇的创造者会同时受到两种力量的影响和左右,一种是对已有语篇的模仿,一种是对语篇的独特创新,这两种力量会形成合力共同作用于创造者,从而促使创造者创造出各种体裁交织起来的独特新意,进而影响社会文化结构,促进社会变革的产生。巴赫金(Bakhtin)的语篇体裁交织性分析既强调语篇创造者利用修辞生成新意语篇,也强调语篇接收者在理解语篇时对这种修辞意图的理解。语篇创造者选择性地利用话语秩序和语篇体裁做出分析,不同的体裁体现出不同的潜在意义,代表不同人和群体的利益和意识形态。语篇体裁交织性分析有助于揭示不同语篇材料和体裁在特定语篇中结合的方式和和谐程度,进而研究其语义和语用功能。

(三)历史背景分析

福柯强调话语的历史性,只有将话语同社会实践的历史联系起来,话语分析才有意义,也才有可能。该方法系统地综合各种历史资料,对话语的不同层面进行剖析和阐释。例如,奥地利批判性话语分析家露丝·沃达克(Ruth Wodak)与社会学家和历史学家合作分析战后奥地利国内的反犹太倾向,他们使用的就是历史背景分析法。他们对瓦尔德海姆在 1986 年参加总统竞选中所做的所有演讲、他的竞争对手的演讲、国内外有关他的报道和街头巷尾老百姓的闲聊,都进行了历史背景分析,发现作者和演讲者很喜欢借古喻今,这是逃避指控的最佳策略,因为从法律角度讲,他们毕竟没有明确地喊出"打倒犹太人"的口号。

四、课程思政话语的批评话语分析

使用批评话语分析常用的三种方法可以很好地分析课程思政新话语。

在批评话语分析中,系统功能语法分析被用来解释话语如何通过语法结构、词汇选择和语篇组织来构建特定的社会现实、权力关系和意识形态。使用系统功能语法分析课程思政话语时,首先,进行文本选择与背景设定,选择相关的课程思政文本,如教材、讲义、官方文件等,并了解文本产生的背景,包括教育政策、教学目的和社会文化环境。其次,进行描述性分析(identificational analysis),识别文本的主题和主要概念,例如"社会主义核心价值观""爱国主义"等,分析这些概念是如何在文本中被提及和强调的。再次,进行功能性分析(functional analysis)和结构性分析(structural analysis),确定话语的功能,比如是否旨在传达知识、塑造认同、激发行动或维护社会秩序,同时分析不同的语言特征(如语气、情态、评价)是如何实现这些功能的。分析话语的结构,包括句子结构、段落组织和整体布局,探讨这种结构是如何支持特定意识形态的传递和强化的。最后,还可以进行互动性分析(interactional analysis),研究话语中的互动特征,如话轮转换、提问方式和回应策略,分析这些互动特征如何影响读者或听者的态度和行为。本书的第三章将借助于话语互动分析理论对中国特色课程思政新话语生成机理进行阐述。

反思分析过程中的发现,考虑其对教育实践和政策制定的意义,提出可能的改进措施,以促进更公正、包容和批判性的课程思政实践。通过这样的分析,我们可以更深入地理解课程思政话语如何通过特定的语言选择和结构安排来实现其教育目标,同时也可以揭示和挑战那些可能限制思维自由和批判性讨论的意识形态假设。

语篇体裁交织性分析是一种关注不同语篇体裁(例如叙述、描述、说明、议论等)如何在特定话语中交织和互动的分析方法。在课程思政话语分析中,这种方法可以帮助我们理解不同语篇体裁是如何共同构建思想政治教育的意义和效果的。首先,识别语篇体裁,即确定课程思政话语中存在的不同语篇体裁,例如故事、案例研究、理论阐述、道德讲述、法律文件等,并描述每种体裁的典型特征,如结构、风格、目的和读者预期等。其次,分析体裁交织,即观察和分析这些不同体裁是如何在课程思政话语中交织在一起的。注意体裁之间的转换点,以及这些转换如何影响话语的整体意义和接受度。再次,探讨体裁功能,分析每种体裁在课程思政话语中的功能,例如提供背景信息、展示实例、引导思考、规范行为等,考虑这些功能是如何相互作用,共同实现课程思政的目标的。最后,评估互动效果。评估不同体裁交织在一起时产生的互动效果,包括强化、对比、补充或冲突等,并分析这些互动效果如何影响学生的认知、情感和价值观。根据分析结果,提出改进课程思政话语的建议,以增强其教育效果和对学生批判性思维的培养。建议可能包括增加体裁多样性、调整体裁结构、改变体裁功能等。

通过语篇体裁交织性分析,我们可以更全面地理解课程思政话语的复杂性和多维性,以及不同体裁如何共同参与意义的构建和传递。这种分析有助于揭示话语设计的潜在意图和效果,同时也为优化和创新思想政治教育提供了理论依据和实践指导。

历史背景分析法在分析课程思政话语时,关注话语产生和流传的历史条件、社会文化背景及教育政策的发展。这种方法认为,任何话语都不是孤立存在的,而是深深植根于特定的历史和社会环境之中。通过历史背景分析,我们可以更好地理解课程思政话语的意义、功能和影响。历史背景分析法在分析课程思政话语时的第一步是在分析课程思政话语时收集历史资料,收集与课程思政相关的历史文献、政策文件、教育改革记录等资料,了解思想政治教育在不同历史时期的目标、内容和方法的变化。第二步是重建历史背景。根据收集的资料,重建课程思政话语产生和发展的历史背景;分析历史上的重大事件、社会变迁和文化传统如何影响课程思政的形成和实施;研究课程思政话语在不同历史阶段的变化和发展,包括主题、观点和表述方式的演变;探讨这些变化如何反映社会政治动态、经济发展和文化趋势的影响。第三步是考察政策导向,分析教育政策和官方指导方针如何塑造课程思政的内容和形式。考察政策导向在不同历史时期的连续性和断裂性，以及这些变化背后的原因和目的。评估课程思政话语在历史上的实施效果，包括对学生认知、行为和价值观的影响。分析这些影响如何与社会期望、教育目标和国家发展战略相互作用。第四步是从历史的角度批判性地反思课程思政话语的局限性、偏见和潜在的问题，探讨如何在尊重历史和文化传统的同时，更新和改进课程思政以适应当代社会的需求。基于历史背景分析，提出增强课程思政话语的现实相关性和教育效果的建议。建议可能包括更新教学内容、引入新的教学方法、促进批判性思维等方面。

通过历史背景分析法，我们不仅能够揭示课程思政话语的历史根源和演变轨迹，还能够理解其在不同历史时期的社会功能和意义。这种分析有助于我们更全面地评价和改进当前的思想政治教育，使其更加符合时代要求和社会发展的需要。

第四节　积极话语分析

一、积极话语分析(Positive Discourse Analysis，PDA)概况

在 2004 年的研究中，詹姆斯·马丁(James Martin)讨论了为什么走向积极话语分析是一个自然和必要的下一步。根据巴特利特的分析(Bartlett，2010)，积极话语分析将重点从突出不公正转移到识别和推广替代方案。积极话语分析坚定地基于批评话语分析中的现有工作，批判性地阐明了强大的群体如何使用语言来维持其在社会中的霸权角色，然而，积极话语分析不仅仅停留于此，它超越了批评话语分析的范畴，致力于发掘那些能够有效推动我们期望的社会变革的话语。积极话语分析本质上强调了话语在现实世

界中的运作方式,并将其与解决现实世界的问题紧密结合。此外,巴特利特还建议,使用人种学方法可以通过在更广泛的描述中构建文本的风俗和生产它们的人的日常活动来加强积极话语分析。

巴特利特在南美洲圭亚那的实地工作中阐述了积极话语分析的方法。他的案例研究表明,语言的强大取决于它的使用语境。他认为,在我们解释为什么一篇文章说明了一个问题,而另一篇文章有助于解决这个问题之前,我们需要考虑特定群体的成员每天是如何运作的。

这是由马丁(Martin,2004)首先提出的关于话语研究的最新进展,被称为积极话语分析。他文中的"积极"一词是指所需推动变革的步骤,让世界更美好;它不仅以解构为导向,而且还有建设性的社会行动(Bartlett,2012;Martin,2004)。休斯(2018)认为,积极话语分析作为一种受到关注的进步话语,将现状转化为更好的、有希望且治愈的状态。这种新方法旨在提升希望,鼓舞社会被压迫群体勇于尝试、敢于反抗(Bartlett,2012;Nartey,2020;Nartey & Ernanda,2020)。积极话语分析与批评性话语分析不同,批评性话语分析侧重于揭示话语被操纵的方式,霸权是隐藏的,意识形态被主导群体归化(Bartlett,2012)。积极话语分析是一个建设性的过程,期待改善未来,这经常与进步相关联。

积极话语分析的主要特征是通过抵抗对社会变化进行话语重构。积极话语分析中的抵抗不仅被认为是对不公正的回应,也是一种社会行为,是以触发进步的社会变革为导向的行动(休斯,2018)。此外,休斯认为积极话语分析将尚未实现和可能的替代方向理论化,以减少人类活动的转变。对支持或抵制反抗的社会结构的理解是实现积极话语分析潜力的关键因素(休斯,2018)。

积极话语分析可以作为一个工具来分析带来进步变化的社会行动及社会转型(Nartey,2020)。积极话语分析是一个突出团结和赋权思想的框架体系。奥古斯丁(2012)认为,积极话语分析是一种强调在创造社会变革方面可以给民间社会带来积极影响的方法。因此,积极话语分析在本书中被应用,旨在揭示政府在沟通变革话语方面的努力。

二、话语策略

话语策略是说话人为了最大限度地发挥其信息的有效性,以满足特定利益为目的而诉诸的那些语言资源。这些策略在不同的话语格式中反复运用,并不局限于口语交际。有的认为这些策略不是绝对的,可能根据发话人和使用的语境而有所差异。如果目标是通过消息达到特定的目标,考虑到语境变量,话语策略的使用就变得至关重要,这就需要有意识地对话语进行准备。这些策略并不是任意的,但它在各种语境中的应用都与发话人的文化和社会语境相联系。话语策略是以一种永久性的方式在行业和职业中应用的,这些行业和职业使交流具有其特殊性。话语策略所采用的"形式"、它们的演变及它们在不同具体语境中的使用都被广泛地理论化,可以归类为:招募策略、可信度策略、非法化策略、戏剧化策略和争议策略。每种策略都有自己的适用场景,言语是在交际过程中进行的,因此所有的资源都必须用来实现发话人的目标:使接收者平静地被说服并获得他的信息和意图,从而实现他的目标。

(一)招募策略

招募策略主要用来引诱信息接收者并通过发送的信息说服他,以便在沟通过程中使他的反应向所期望的方向转变。此策略寻求提高和强化利益立场,成为发话人思想的一部分,也成为发话人目的的一部分。招募策略被广泛应用于商业领域和竞选活动,以及政治领域,政治领域必须在很长一段时间内保持一种原理性的话语,其信息总是能够吸引新的参与者。招募策略并不局限于口语方面,其在非语言和多媒体环境中的应用也非常普遍。

（二）可信度策略

可信度策略是用来屏蔽、强化和提高接收者对发话人可能具有的信誉水平的资源。这些策略的使用必须得到对所要处理的话语的事先管理和控制的支持，因为它们必须使用不能轻易被批驳的论点，同时在其建构中彰显真实性。可信度策略的良好运用，可以赋予发话人在处理其域内的主题时更大的影响力和重要性。此影响力和重要性被认为是被新闻业等行业所看重的，许多行业将可信度策略作为参考重点。在某些情况下，这种话语策略的良好应用必须伴随协调一致的动作，在发言人和公众形象方面，协调一致的动作不能抵触或否定前一次演讲中涉及的内容。

（三）非法化策略

非法化策略适用于那些诉诸情感的话语，或者从一开始就想让对方处于无知状态的话语。尽管非法化的资源是有效的，但在参与式交流过程中可能会使对方被冒犯，缺乏尊重。但是，它的使用总是会产生响应，所以不能转瞬即逝。它们被简单地定义为对对手的存在或身份的挑战。该策略是在辩论和谈判的空间中使用的策略，在竞选活动和政治生涯中使用的策略则更为明确和直接。然而，滥用这些资源可能会引发矛盾和无理攻击。

（四）戏剧化策略

话语发出者往往会借助文学角色的塑造，以及通过描绘能够触动人心的情感场景、讲述引人入胜的轶事和唤起过往记忆的假设情景，来有效地触动听众的心弦。他们在演讲的美感中找到了一些能与发话人相共鸣的东西，他们决定积极响应并给予支持。隐喻、类比和比较的使用本身并不总是包含一些积极的信息，因为它取决于发话者及其利益、给其接受者带来欢乐或恐怖的意图，要么高扬自己，要么伤害他人。戏剧化策略在政治演讲中具有重要意义。

（五）争议策略

争议策略被认为是消极的，主要用于产生突然、极端和耸人听闻的反应。其目的是对接受者视角的快速调节，引起其对对方的消极反应。诉诸争议的资源的使用，提供了调节一个情境、一个语境及它的参与者反应的能力。如果在任何时候都惊讶地否定和处理一些敏感信息，它的使用可能会给发话人带来负面影响。争议策略不应被认为是话语的主要创造性或议论性武器；然而，它在公共、政治和社会话语中的使用率却相当高。

（六）其他形式的话语策略

只具有视觉或听觉特征的话语，甚至是不同媒体（多媒体）中的组合话语，已经让位于新的话语格式，这些新的话语格式不受歧视地参与到日常的交流过程中，找到了最大化自己的信息的方法。这些新资源必须在自身的生产和传播框架内进行理论化，使之不至于成为口头策略的嬗变，而能通过应用非常规资源在其话语中提供有效性。尽管如此，似乎还是有一些模式在话语格式中反复出现。这是可以理解的，因为这些策略的出现总是与每个成为发话者的人的特定利益相关的。

三、课程思政话语的积极话语分析

积极话语分析意在揭示和强化话语中积极、建设性和鼓励性方面的方法。在分析课程思政话语时，积极话语分析可以帮助我们理解和强化那些促进学生发展积极性、批判性思维和社会责任感的语言实践。用积极话语分析识别积极词汇，分析课程思政话语中使用的积极词汇，如"责任""团结""创新"等，以及这些词汇如何激发学生的积极情感和行动。寻找并分析课程思政话语中的积极故事和案例，例如描绘成功克服困难的故事，以及这些叙述如何激励学生追求目标和理想。用积极话语分析探索积极分析课程思政话语中的互动模式,如讨论、辩论和小组工作,以及这些互动如何促进学生之间的合作和理解。识别并评价课程思政话语中的积极主题和框架,例如公正、自由、和平,以及这些主题如何塑造学生的积极世界观。用积极话语分析分析积极语气和情态,如肯定、鼓励和希望的语气,以及这些语气如何增强话语的积极性和激励效果。分析课程思政话语中如何构建和维护积极的身份和立场,如领导者、创新者、贡献者等,以及这些身份和立场如何促进学生的个人成长和社会参与。基于积极话语分析的结果,提出如何通过语言实践促进教育环境的积极变革,例如改进教学方法、更新教材内容、优化课堂氛围等。通过这些策略,积极话语分析不仅能够揭示课程思政话语中的正面元素,还能够提供一种更为平衡和全面的视角来理解和评估语言在教育过程中的作用。这种方法有助于促进更加积极、包容和建设性的教育对话,为培养具有批判性思维和社会责任感的学生提供支持。下面,我们以招募策略、可信度策略、戏剧化策略为例,说明如何有效地进行课程思政话语分析。

(一)招募策略的应用

在课程思政话语分析中,招募策略可以用来吸引和说服学生接受和参与特定的思想政治教育内容和活动。第一,分析课程思政话语中的招募信息,如特定的价值观、行为模式或思想观念,以及这些信息如何吸引学生的注意力和激发学生的兴趣。第二,研究课程思政话语中采用的招募方式,如故事讲述、案例分析、互动讨论等,以及这些方式如何激发学生的参与意愿和积极性。第三,考察课程思政话语中的招募策略对学生的实际影响,如是否成功引导学生改变观点、增强认同感或采取特定行动。第四,分析课程思政话语中的招募动机,如为何选择某种招募策略、其背后的教育目标和社会期望是什么,以及这些动机如何与学生的需求和期望相匹配。第五,基于对课程思政话语中招募策略的分析,提出如何改进和优化招募方式以增强其有效性,例如调整语言表达、增加互动元素或引入新的教学手段。通过以上步骤,可以更好地理解和评估课程思政话语中的招募策略,从而提升其教育效果和影响力。

(二)可信度策略的应用

将可信度策略用于课程思政话语的分析,可以帮助我们理解和评估思想政治教育中的话语如何构建和传递可信的信息。第一,识别权威来源。检查课程思政话语中所引用的权威来源,如历史人物的言论、经典文献、国家政策、法律条文等,以及这些来源如何增强话语的可信度。分析课程思政话语中的论据是否基于可靠的证据、逻辑推理和实证研究,以及这些论据是否能够支持所传达的观点和结论。第二,考察话语的一致性。观察课程思政话语是否在不同时间点和不同情境下保持一致性,以及是否存在任何可能影响其可信度的矛盾或不一致之处。第三,探讨情感诉求。评估课程思政话语是否有效地运用情感诉求,如激发爱国情感、民族自豪感等,以及这些诉求是否与建立可信度相协调。寻找课程思政话语中是否有外部验证的迹象,例如通过社会实践活动、实地考察或与现实生活的联系来验证教学内容的真实性和有效性。第四,提出改进建议。如果发现课程思政话语中存在可信度问题,可以提出改进建议,如增加更多客观证据、提高论据的逻辑性或改善信息源的可靠性。通过以上步骤,可以更好地理解和评估课程思政话语中的可信度策略,从而判断教育内容和教学方法是否具有足够的影响力和重要性。这对于确保学生正确理解和接受思想政治教育至关重要。

(三)戏剧化策略的应用

戏剧化策略在课程思政话语中的运用是一种有效的教学手段,它通过引入戏剧元素来吸引学生的注意力、激发情感反应和增强记忆。第一,我们需要识别课程思政话语中存在的戏剧元素。这包括故事情节、角色设定、冲突和解决方案等。例如,在讲述一段历史事件时,教师可以将其构建为一个故事,通过设定不同的角色,描述事件的起因、经过和结果,以激发学生的兴趣。第二,评估情感诉求在课程思政话语中的作用。情感是人们认知和理解世界的重要方式,通过情感诉求,可以激发学生的情感反应,增强他们对课程内容的理解和记忆。例如,在讲述一段英雄事迹时,教师可以使用隐喻、类比和比较等手法,引导学生产生敬仰、自豪等情感,从而加深对课程内容的理解。第三,分析视觉和声音效果在课程思政话语中的应用。视觉和声音效果可以增强话语的戏剧性,使学生更加沉浸在教学情境中。例如,教师可以使用图片、视频等多媒体材料,或者通过模仿人物的语言和行为,来增强话语的表现力。叙事结构也是戏剧化策略的重要组成部分。一个好的叙事结构应该包括引人入胜的开头、紧张刺激的高潮和令人满意的结局。教师可以通过巧妙地构建叙事结构,使学生对课程内容产生浓厚的兴趣。人物表现是另一个值得关注的方面。在课程思政话语中,人物不仅是故事的参与者,也是传递价值观和思想观念的重要载体。教师可以通过塑造鲜明的人物形象,使学生更加深入地理解课程内容。文化和历史引用是戏剧化策略中的另一个重要元素。通过引用文化和历史背景,教师可以增加话语的深度和共鸣,使学生更好地理解课程内容在更大的社会和文化背景下的意义。第四,根据分析结果提出改进建议。如果发现课程思政话语中戏剧化策略的使用存在问题,如情感诉求过于强烈或视觉和声音效果过于夸张等,可以提出相应的改进建议,以优化课程思政话语的戏剧化表达,提高其教育和传播效果。总之,将戏剧化策略用于课程思政话语的分析,可以帮助我们更好地理解和评估思想政治教育中的话语如何通过戏剧化的手法吸引学生的注意力、激发其情感反应和增强其记忆。这对于确保思想政治教育内容的有效传播和学生的正确理解至关重要。

第二章　中外道德教育话语概览

在当代全球范围内,各国均将德育视为教育体系的核心组成部分,贯穿教育始终。学校德育的理论架构与实践模式,深深植根于各国独特的历史脉络与社会环境之中。西方先进国家的学校德育历程,展现了一条从繁荣顶点滑落至低谷,而后又逐渐复兴的曲折道路。深入分析这些国家学校德育的演变轨迹,提炼其关键特征与发展趋势,不仅有助于我们更深刻地理解德育的普遍规律,也能为我国在新时代背景下推动学校德育改革,构建现代化、创新型的德育体系,提供宝贵的参考与启示。

第一节　美国道德教育话语概况

美国的道德教育的话语体系是多元化且与时俱进的,它融合了传统价值观、现代道德理念及多元文化元素,旨在培养学生的道德判断力、公民责任感和社会适应能力。

一、美国道德教育话语的发展历史

美国从殖民地时期到现在,对学生进行的德育的历史经历了多个阶段的演变,每个阶段都反映了当时社会、政治、文化和教育理念的变迁。

（一）殖民地时期（17世纪至18世纪）：宗教道德教育阶段

在殖民地时期，美国是基督教各派势力伸展之地，宗教意识浓厚。这一时期的道德教育主要依托宗教进行。学校多由宗教机构开办，学习宗教经文是课程的核心。例如，新英格兰地区的学校主要教授孩子们如何阅读《圣经》。政府通过立法支持宗教教育。如1647年的《旧德卢德撒旦法案》要求每个达到一定规模的社区都必须建立公立学校来教授《圣经》。这一阶段的教育旨在培养虔诚的宗教信徒和服从社会规范的公民。

这一时期出现了多种类型的学校，包括公立学校、私立学校和宗教学校。教师多采用诵读、讲解和背诵等方式进行宗教教育，同时也注重实用技能的培养，如阅读和写作。

（二）独立后（18世纪末）至19世纪末：传统道德教育

随着美国的独立和国家的逐渐稳定，美国教育开始走向世俗化，但宗教仍然在教育体系中占据重要地位。学校虽然开始教授更多世俗课程，但宗教教育仍然是不可或缺的一部分。学校注重古典学科的教学，如拉丁语、希腊语、文学等，旨在培养学生的文化素养和道德观念。同时，高等教育获得发展，哈佛大学、耶鲁大学等著名学府在这一时期相继建立，它们以英国牛津大学、剑桥大学为蓝本，提供古典教育。这些大学在建立之初都受到宗教的深刻影响，宗教教育在课程中占据重要地位。

（三）19世纪末至20世纪中期：科学教育的兴起

随着科学技术的进步和社会的发展，传统道德教育逐渐受到挑战。心理学、社会学等现代学科的发展改变了人们对道德教育的看法，科学教育逐渐取代传统道德教育成为主流。虽然宗教仍然在教育体系中占有一席之地，但其影响力逐渐减弱。新的德育方法开始形成，比如价值澄清法，该方法强调学生在价值观形成过程中的自主性和自我教育,通过讨论、角色扮演等方式引导学生形成自己的道德观念。

(四)20世纪中期至今:道德教育的复兴和多元化

这一时期美国教育迎来了道德教育的复兴与多元化。随着社会对道德问题的关注的增加,道德教育再次受到重视。道德教育不再局限于宗教或传统道德观念,而是融合了多元文化、全球视野等现代元素。学校通过跨学科教学、社会实践等方式将道德教育融入学生的日常学习和生活中。

德育内容与目标主要有:公民教育,强调培养学生的公民意识和社会责任感,通过历史教育、法治教育等方式让学生了解国家和社会;价值观教育,传递和践行诚实、尊重、公正、包容等核心价值观;品格教育,注重培养学生的自律、坚韧、勇敢等良好品格。

德育主要通过社区服务、团队合作等活动让学生在实践中锻炼和提升道德能力。联合家庭、学校和社会等方面的力量共同营造良好的德育环境,这种合作式教育发挥了很大作用。

综上所述,美国从殖民地时期到目前对学生进行的德育方面的教育历史,经历了从宗教道德教育到传统道德教育、再到科学教育兴起和道德教育的复兴与多元化的演变过程。每个阶段都反映了当时社会、政治、文化和教育理念的变迁,并对学生产生了深远的影响。

二、美国道德教育话语体系的理论基础

美国道德教育的理论基础包括理性主义与永恒主义、实用主义与改造主义,以及人本主义等。这些理论不仅指明了美国道德教育的基本方向,还对其实践方法产生了深远影响。

（一）理性主义与永恒主义

理性主义主张道德教育应基于理性原则，强调通过理性思考和逻辑推理来培养学生的道德判断能力。永恒主义认为某些基本的道德真理是永恒的，教育的目的之一就是让学生理解和接受这些不变的道德真理。

（二）实用主义与改造主义

实用主义理论的研究者以杜威为代表，认为道德教育应关注学生的实践经验和社会环境，强调道德行为的实践性和情境性。改造主义主张道德教育应以社会变革为目标，培养学生的社会责任感和参与意识，推动社会进步。

（三）人本主义

人本主义强调个体的自我实现和自我价值，倡导尊重学生的个性和选择，通过人性化的教育方法促进其全面发展。人本主义强调人的尊严和价值，认为每个人都有自我实现和追求幸福的潜能。人本主义还强调人的整体性和不可分割性。人本主义在教育方面倡导以学生为中心的教学理念，关注学生的情感、兴趣和动机；在心理咨询方面，它强调倾听、共情和积极关注等技巧，帮助个体实现自我成长和潜能开发。

（四）价值观教育理论

美国道德教育强调核心价值观的培养，如尊重、责任、信任、公平和正义等。美国的道德教育经历了从价值中立到强调核心价值观的转变过程，反映了社会和文化背景的变化。

综上所述，美国道德教育的理论基础多元而丰富，既包括传统的理性主义和永恒主义，也包括现代的实用主义和人本主义等。这些理论不仅为美国道德教育提供了坚实的理论支持，还为其实践创新提供了丰富的资源。

借鉴这些理论,对我国构建有效的道德教育体系具有重要的参考价值。

三、美国大学道德教育话语体系

美国大学的道德教育话语体系是一个复杂而多维的体系,它融合了多种教育理念、方法和实践策略。

(一)核心理念

美国大学反对传统的道德说教和灌输方式,认为这种方式忽视了学生的个性和自由,不利于学生道德的真正成长。他们强调道德教育应当尊重学生的主体性和自由,让学生在自主参与中发展道德思维和判断能力。面对多元文化和社会价值观的冲击,美国大学努力寻求道德共识,确立共同的核心价值。这些价值通常包括信任、尊重、责任、公正、关怀和公民责任等,旨在培养学生的社会责任感和道德自律能力。美国大学在道德教育上采取兼容并包的态度,不仅吸收和借鉴了不同学派的理论和思想,还注重将多元文化融入道德教育中。这种开放性和包容性使美国大学的道德教育更加丰富多彩和具有活力。

(二)教育内容

美国大学教育学生遵循诸如诚实、公正、尊重等基本道德品质,这些价值观贯穿于整个教育过程。美国大学通过公民教育课程,让学生学习如何作为社会成员积极参与政治活动和社会活动。美国大学注重品德的培养,例如责任感、勇气、仁爱等,这些都在课程安排和校园活动中得以体现。

(三)实践策略

1.生活化教育模式

美国大学注重将道德教育与社会生活相结合,通过创建生活化的实践模式来培养学生的道德品质。他们鼓励学生参与社区服务、社会实践等活动,让学生在实践中认识道德品质对于生活的重要性,并加深其对核心社会价值观的理解和认同。

2.多维度的价值观传导体系

美国大学通过构建多维度的价值观传导体系来传递道德教育的内容。这些体系包括课程设置、校园文化、师生互动等多个方面,旨在全方位地影响学生的道德观念和行为习惯。

3.注重学生的自我教育和反思

美国大学强调学生在道德教育中的主体作用,鼓励学生进行自我教育和反思。学校通过组织讨论、案例分析等活动来引导学生思考道德问题,并促使学生在自我反思中不断完善自己的道德观念和行为方式。

(四)具体方法

1.课程设置

美国大学通常会在通识教育课程中设置与道德教育相关的课程,如伦理学、公民学等。这些课程不仅传授道德知识,还注重培养学生的道德思维和判断能力。

2.校园文化

美国大学通过营造积极向上的校园文化来影响学生的道德观念。学校注重培养学生的集体荣誉感和团队精神,鼓励学生参与各种社团活动和志愿服务活动,以培养学生的社会责任感和奉献精神。

3.师生互动

美国大学注重师生之间的互动和交流,通过教师的言传身教来影响学生的道德观念。学校鼓励教师以身作则,用自己的行为来诠释道德规范和价值观,从而对学生产生潜移默化的影响。

4.政府政策

美国政府对品格教育给予高度重视,通过立法及资金支持,促进大学道德教育的进一步发展。各州政府也积极响应,设立专项经费用于培训道德教育教师,推广道德教育项目。

(五)启示与借鉴

美国大学的道德教育话语体系对我国高校道德教育具有一定的启示和借鉴意义。美国大学道德教育注重学生的自主性、实践性及多元文化融合。其教育理念和实践途径均旨在培养学生成为具有批判性思维、强烈社会责任感及良好道德判断力的公民。我们可以借鉴其反对传统道德灌输、确立共同的核心价值、兼容并包等核心理念,以及生活化的教育模式、多维度的价值观传导体系等实践策略。同时,我们也应该结合我国的国情和文化传统,创新和发展适合我国高校的道德教育话语体系。

第二节　欧洲道德教育话语概况

欧洲道德教育强调多元文化背景下的价值观教育和公民意识培养,同时注重提升学生的道德敏感性和责任感。作为一个多元化的文化和政治联盟的欧盟成立后,其道德教育话语体系体现了对不同文化背景和价值观的尊重与融合。欧盟各国在道德教育方面有着共同的目标,即通过教育培养具有社会责任感和公民意识的个体。在这种多元文化的背景下,道德教育不仅关注个体行为的道德性,还强调如何在多样的文化中找到共同的道德基础。

一、欧洲道德教育话语的发展历史

欧洲道德教育话语的发展历史是一个复杂而多元的过程,它深受欧洲历史、文化、宗教及不同国家教育政策的影响。以下是对欧洲道德教育话语发展历史的概括性回顾。

(一)古希腊古罗马时期:传统道德教育的源头

古希腊古罗马时期是欧洲道德教育思想的起源地之一。这一时期,道德教育强调个人品德的培养和城邦的和谐。古希腊哲学家如苏格拉底、柏拉图和亚里士多德等,对道德、美德和伦理有着深入的探讨,为后来的道德教育提供了重要的理论基础。

(二)中世纪:传统道德教育的极端形态

中世纪是欧洲道德教育发展的一个重要阶段,但这一时期道德教育呈现出极端形态。教育的目的主要指向来世的精神生活,强调禁欲和服从。在道德教育方法上,体罚、惩戒、灌输、记诵、问答式教学手段被广泛使用。这种道德教育在一定程度上压抑了人的个性和自由,但也为后来的道德教育提供了反思和批判的对象。

(三)文艺复兴和启蒙运动时期:现代道德教育思想的萌芽

在文艺复兴和启蒙运动时期,欧洲道德教育开始摆脱中世纪的束缚,逐渐走向现代化。这一时期,人文主义思想兴起,强调人的尊严和价值。道德教育开始关注人的个性发展、自由意志和理性思考。启蒙思想家如伏尔泰、卢梭等对传统道德教育进行了深刻的批判和反思,为现代道德教育思想的形成奠定了基础。

（四）19 世纪至 20 世纪初：传统教育的衰微和新教育的萌生

19 世纪至 20 世纪初，欧洲教育经历了从传统向现代的转型，道德教育也随之发生了深刻的变化。这一时期，新教育思想兴起，强调教育的民主化、科学化和个性化。道德教育开始关注学生的全面发展、个体差异和情感教育。同时，道德教育的内容和方法也得到了不断的丰富和创新。

（五）欧盟成立后的道德教育发展

欧盟成立后，成员国之间的教育合作与交流日益加强，道德教育也呈现出一些新的特点和趋势。

二、欧洲道德教育话语体系的理论基础

欧洲学校道德教育的理论基础包括自由主义道德教育、批判性思维与价值多元主义及全球伦理与可持续发展教育。这些理论不仅反映了欧洲社会文化的特点，还为学校道德教育提供了多样化的视角和方法。

（一）自由主义道德教育

欧洲的自由主义道德教育是一种以个人自由、自主性和理性为核心的教育理念。它强调在道德教育过程中，应当尊重学生作为独立个体的自主权和选择权，鼓励学生通过理性思考而非单纯接受传统或权威的道德规范来形成自己的价值观。自由主义道德教育认为，道德教育的目的不仅是传授特定的道德知识，更重要的是培养学生的批判性思维能力，使他们能够在多元价值观的背景下，通过分析和反思，做出符合自己理性的道德选择。这种教育理念还主张教师应扮演引导者和促进者的角色，为学生提供丰富的道德情境，激发他们的道德想象力和同理心，从而促进他们在自主探索和实

践中形成健全的道德品质。在欧洲的教育实践中,自由主义道德教育体现为对学生权利的尊重、对多元文化的包容及对独立思考的鼓励,旨在培养学生成为既有个人主见又能够负责任地参与社会生活的公民。

(二)批判性思维与价值多元主义

批判性思维与价值多元主义是欧洲学校道德教育中两个相互关联的核心概念。批判性思维是指在道德教育过程中,教育者鼓励学生发展独立思考的能力,质疑和评估传统的价值观、观念及社会现象,从而形成基于理性和证据的判断。这种思维方式强调逻辑推理、反思和辩证,旨在将学生培养成为能够独立分析问题、做出理性决策的个体。价值多元主义则是指在全球化和社会多元化的背景下,道德教育应认识到不同文化和社会群体拥有多样的价值观和信仰系统,教育的目的是促进学生对这些多样性的理解和尊重,鼓励他们在包容和接纳差异的基础上,形成自己的价值观。这种教育理念强调在教育实践中,应避免强制灌输某一种单一的道德标准,而是通过对话和交流,激发学生对多元价值的认同和尊重,培养他们在全球视野下的道德敏感性和适应性。

(三)全球伦理与可持续发展教育

全球伦理与可持续发展教育是欧洲学校道德教育的一个重要组成部分,它强调在全球化背景下对学生进行道德教育时,应关注全球性的道德问题,如环境保护、社会正义、人权、和平与安全等,同时培养学生对可持续发展的价值观和生活方式的认识。这种教育理念认为,道德教育不应局限于个人或国家层面,而应扩展到全球范围,培养学生作为全球公民的道德感和责任感。在实践中,全球伦理与可持续发展教育鼓励学生参与社区服务、环境保护项目和国际合作活动,通过这些实践活动,让学生体验和理解不同文化背景下的道德规范,培养他们尊重和保护环境的意识,以及对社会公平和包容的追求。这种教育方式旨在帮助学生形成一种全面的、长远的道德视角,使他们能够在面对全球性挑战时,做出符合道德原则和可持续发展目标的决策。

以上道德教育理念对我国当前的教育实践具有一定的启示意义。首先,在全球化和信息化的时代背景下,我国社会同样面临着价值多元、观念碰撞的挑战。借鉴自由主义道德教育的理念,我们可以更加注重培养学生的独立思考能力和自主决策能力,尊重学生的个体差异,鼓励他们在面对不同价值观念时能够运用理性进行分析和判断。

其次,在快速变革的社会环境中,我国教育者应重视培养学生的批判性思维能力,鼓励他们对各种信息和观点进行独立思考和判断,以适应不断变化的世界。同时,我们还应关注价值多元主义的教育理念,尊重学生的文化背景和价值取向,引导他们在多元文化的交流和碰撞中,形成开放、包容的价值观,培养他们成为能够在全球化背景下积极参与、有效沟通的公民。

最后,随着我国在世界舞台上的地位日益提升,培养具有全球视野和可持续发展意识的公民显得尤为重要。我们应将全球伦理与可持续发展的理念融入道德教育中,引导学生关注全球性问题,参与国际交流与合作,培养他们的跨文化理解能力和全球公民意识。同时,我们还可以通过校园文化建设、课程设置和实践活动,让学生在日常生活中体验和实践可持续发展的价值观,如节能减排、垃圾分类、绿色出行等,从而培养他们的环保意识和社会责任感。

综上所述,欧洲学校道德教育的理论基础丰富多样,既包括传统的自由主义和德行伦理学,也包括现代的全球伦理和可持续发展教育。这些理论不仅为道德教育提供了丰富的内容和方法,还体现了欧洲社会对多元文化和全球化挑战的回应。借鉴这些理论基础,对于我国构建适应时代发展的德育体系具有重要的参考价值。

三、欧盟道德教育话语体系

欧盟的道德教育话语体系的构建一直受到政策层面的支持。例如,欧盟委员会在教育领域制定的多项政策和计划都强调了道德教育的重要性,并鼓励各成员国在课程中融入道德教育和公民教育的要素。这种顶层设计为道德教育在各级教育中的广泛实施提供了有力的政策保障。

此外,欧盟国家还注重学校、家庭与社会三者在道德教育中的协同作用。学校通过正规课程教授道德知识,同时引导学生参与社会实践,亲身体验和践行道德行为。家庭作为道德教育的第一课堂,通过家庭成员间的互动和日常生活习惯的养成,对孩子进行基本的道德教育。而社会则通过法律法规、公共媒体等渠道,为道德教育提供更广阔的实践平台和舆论支持。

欧盟的道德教育话语体系是一个复杂而多维的体系,它融合了成员国之间的共同价值观与各自的文化特色。以下从核心理念、教育内容、实践策略、具体方法四个方面进行介绍。

(一)核心理念

欧盟道德教育的核心理念主要围绕"个人主义"与"自由主义",同时强调尊重多元文化、语言多样性和社会包容性。这与欧洲长期以来的社会历史背景密切相关,尤其是随着欧盟经济政治一体化的进程,如何在保持成员国间语言文化交流的同时,促进共同价值观的形成,成为欧盟道德教育的重要任务。此外,欧盟还强调培养学生的全球视野、跨文化交流能力和社会责任感,以适应全球化时代的需求。

(二)教育内容

欧盟道德教育的内容广泛而深入,主要包括以下几个方面。

（1）公民道德教育：培养学生的公民意识、法律意识和民主观念，使他们成为有责任感、有担当的公民。

（2）价值观教育：强调诚实、权利平等、民主、宽容、互助、自由、责任心、勤奋、牺牲精神等核心价值观的培养。

（3）文化多样性教育：尊重并理解不同文化背景下的价值观和行为规范，促进文化间的交流与融合。

（4）环保与可持续发展教育：引导学生关注环境问题，培养可持续发展的意识和行动力。

（三）实践策略

欧盟道德教育的实践策略主要包括以下几个方面。

（1）政策引导：通过制定和实施相关政策，如《欧洲委员会促进语言学习和语言多样性行动计划》等，为成员国提供指导和支持。

（2）课程整合：将道德教育融入各学科教学中，通过跨学科的方式实现德育目标。

（3）家校合作：加强学校与家庭的合作，共同营造良好的德育环境。

（4）社会实践：组织学生参与社会实践活动，如志愿服务、社区服务等，让学生在实践中体验和感悟道德价值。

（四）具体方法

欧盟道德教育的具体方法多样且灵活，主要包括以下几种。

（1）直接教学法：如开设宗教课、道德课等，直接向学生传授道德知识和原则。

（2）讨论与辩论：通过小组讨论、辩论等形式，增强学生的思考和表达能力，培养他们的批判性思维。

（3）情境模拟：通过模拟真实情境，让学生在实践中学习和体验道德决策的过程。

（4）角色扮演：让学生扮演不同的角色，体验不同的情感和行为反应，从而加深对道德问题的理解。

（5）隐形教育：通过校园环境、校园文化、社会仪式等隐形方式，潜移默化地影响学生的道德观念和行为习惯。

综上所述，欧盟的道德教育话语体系是一个以"个人主义"与"自由主义"为核心，强调多元文化、语言多样性和社会包容性的复杂体系。通过政策引导、课程整合、家校合作和社会实践等多种实践策略，以及多样化的具体方法，欧盟致力于培养学生的全球视野、跨文化交流能力和社会责任感，以适应全球化时代的需求。

欧盟道德教育话语的发展历史是一个不断演变和进步的过程。从古希腊古罗马时期到当代社会，道德教育始终在关注人的全面发展和社会进步的过程中发挥着重要作用。欧盟的道德教育话语体系既强调共同的价值观教育，又注重多元文化的融合和相互尊重。通过多层次、多维度的教育策略，欧盟致力于培养具有强烈社会责任感和良好公民意识的新一代。未来，随着欧盟成员国之间的合作与交流的不断加强，以及全球化、信息化等社会变革的深入发展，欧盟道德教育将迎来更加广阔的发展前景。借鉴这一体系，其他国家可以在推进道德教育时更好地处理全球化背景下的文化多样性问题，使道德教育更具包容性和实效性。

第三节　新中国道德教育话语概况

新中国的德育教育相关内容最早是在 1985 年《中华人民共和国义务教育法》生效时融入了思想政治课程中。1986 年 5 月，国家教育委员会发布了《全日制小学德育教育教学大纲》，该文件具体阐述了道德/思想政治教育的必要性,其中包括爱国主义、集体主义、共产主义理想及社会主义民主和法制概念的教育。这一时期的主要目标是培养走共产主义社会道路的社会主义接班人。1987 年,学者和学校教师就学校道德教育的目标展开了一场辩论。一个学派认为,在社会主义初级阶段,培养那些将要生活在共产主义社会的人的目标并不现实。义务教育阶段的德育目标应培养具有以下素质的公民:爱国、自律、尊重法律和公共道德、行为文明。这个学派的思想为中共中央所接受。1988 年,中共中央印发了一份关于道德教育的重要文件——《中共中央关于改革和加强中小学道德教育工作的通知》。文件提出了全体学生德育的全新目标,主要有两个层次的目标,仍适用于目前的学校。基础层次要求培养学生上文提到的素质。第二个更高的层次涉及一种试图通过强化学生的共产主义理想意识,如无私和注重公共行为,以及对共产主义社会终将到来的信念来启发学生。后一层次不是所有学生都需要的,只面向最先进的那部分学生。建议的内容包括爱国主义、集体主义和社会主义民主,在实践中意味着关于中国政治体制的结构和过程及纪律行为和品格建设的教育。以及纪律行为和品格建设的教育。该文件表明,在道德教育的整体范畴内,公民教育得到了更多的重视,尽管目标中没有提及批判性思维或参与技能。

1990 年 4 月,国家教委发布了《关于进一步加强中小学德育工作的意见》。它谴责了"资产阶级自由化"和来自国外的"和平演变"理论的影响。文件在重申爱国主义和集体主义教育必要性的同时,也强调要培养学生自我管理和自我教育的能力,以及集体主义的融合和集体主义中个性的表达。1993 年 2 月,国务院发布了《中国教育改革和发展纲要》,1994 年发布了《中共中央关于进一步加强和改进学校德育工作的若干意见》,1995 年发布了《爱国主义教育实施纲要》,这些文件都延续了先前的开放主旨,重申了主要职责下放的教育制度原则。1998 年 6 月 10 日,中共中央宣传部、教育部印发《关于普通高等学校"两课"课程设置的规定及其实施工作的意见》的通知,通知要求普通高等学校适应深化"两课"教学改革的需要,进一步加强"两课"课程建设,对"两课"课程设置、基本内容、时间安排做出了详尽的安排。

进入 21 世纪,中共中央对于学校思想政治教育十分重视,主要有以下三个重要文件。

(1)《关于进一步加强和改进大学生思想政治教育的意见》

这是中共中央、国务院于 2004 年发布的一份重要文件,强调了大学生思想政治教育的重要性,提出了一系列具体的工作要求。该文件的核心内容是加强和改进大学生的思想政治教育,其指导思想是:坚持以马克思列宁主义、毛泽东思想、邓小平理论和"三个代表"重要思想为指导,深入贯彻党的十六大精神,全面落实党的教育方针。这份文件的重大意义体现在四个方面:首先,它提高了大学生的思想政治素质,促进了大学生的全面发展。其次,它回答了"培养什么人"和"怎样培养人"这些我国社会主义教育事业发展中必须解决好的根本问题。再次,它充分发挥了思想政治理论课在立德树人中的关键课程作用。最后,它推进了思政课改革创新,包括把握新时代、推进一体化和突出创新性等要求。

(2)《关于新时代加强和改进思想政治工作的意见》

2021 年 7 月,在中国共产党成立 100 周年之际,中共中央、国务院印发了《关于新时代加强和改进思想政治工作的意见》,文件强调,思想政治工作作为党的优良传统和突出政治优势,是治党治国的重要方式,必须贯穿于党的建设和国家治理的各领域、各环节。该意见要求以习近平新时代中国特色社会主义思想为指引,深入开展思想政治教育,巩固理想信念,培育社会主义核心价值观。同时,注重提升基层思想政治工作质量和水平,确保工作深入群众、贴近生活。此外,推动思想政治工作守正创新,巩固主流思想舆论,发挥文化育人作用,加强人文关怀和心理疏导。最终,构建全党全社会共同参与的思想政治工作大格局,以凝聚共识、汇聚力量,推动新时代党和国家事业蓬勃发展。

（3）《高等学校课程思政建设指导纲要》

这份文件于 2020 年 5 月由教育部印发，文件明确了高校课程思政建设的总体要求、主要任务和保障措施，为推进立德树人根本任务的落实提供了重要遵循。文件的发布具有以下重要意义：首先，强化思想政治教育的重要性。该文件强调了思想政治教育在高等教育中的重要地位，要求各高校将思想政治教育贯穿于教育教学全过程，提高学生思想政治素质和综合素养。其次，推动课程思政建设的规范化和科学化。该文件明确了课程思政建设的总体要求、基本原则、主要任务和组织管理等方面的内容，为各高校开展课程思政建设提供了明确的指导和规范。再次，促进教育教学质量的提升。该文件要求各高校将思想政治教育与学科知识相结合，注重培养学生的创新精神和实践能力，提高教育教学质量。最后，增强高校的社会责任感和服务意识。该文件要求各高校将课程思政建设与社会需求相结合，注重服务社会和服务国家发展，增强高校的社会责任感和服务意识。总之，《高等学校课程思政建设指导纲要》的发布对于加强高校思想政治教育、提高教育教学质量、培养高素质人才、服务国家发展等方面都具有重要的意义。下一章，我们将以该文件为分析对象，研究中国特色的课程思政新话语的生成机理。

第三章　中国特色课程思政新话语生成机理

第一节　课程思政的研究现状与本书的分析框架

立德树人是高校的根本任务,课程育人是高校的有效抓手,课程思政将两者从构架上科学链接,从内容上巧妙融合,响应了 2016 年习近平总书记提出的"要使各类课程与思想政治理论课同向同行,形成协同效应"[①]的要求,因此,"课程思政"于 2017 年被正式写入教育部文件。此后,各级高校和学界对课程思政进行了积极的实践和研究。

一、研究现状分析

学者们对课程思政的理解和解读不尽相同。在狭义、微观层面,文秋芳(2021)从课堂教学角度将课程思政的内涵解读为将立德树人理念有机融入课堂教学环节的做法。有学者认为课程思政是一种课程教学理念,有学者认为课程思政以立德树人为教育目的,体现了一种新的课程观;也有学者认为课程思政是将思想政治教育元素融入各门课程,潜移默化地对学生的思想意识、行为举止产生影响的一种思想政治教育理念和教育方法。在广义、

---

① 李国娟.构建"同向同行、协同育人"新机制[EB/OL].(2017-06-23)[2024-02-03]www.qstheory.cn/dukan/hqwg/2017-06/23/c_1121197253.htm.

宏观层面，刘鹤等(2019)则认为"课程思政是一种教育理念、一种思维方式、一种教育实践，更是一个系统工程"；龚一鸣(2021)指出，"课程思政是一项新的工作体系，是一项新的教学体系，是一项新的内容体系"。

在更宏观的层面，2018年时任教育部部长陈宝生指出，课程思政的重要性必须提升到中国特色高等教育制度层面来认识，据此，常莉(2021)认为，课程思政应该被作为一项战略工程。

学者们除了对课程思政概念进行了探究，还做了大量其他研究。笔者基于中国知网数据库中CSSCI期刊数据，以"课程思政"为检索词，以"篇目"为检索项，共搜索到相关文献776篇(检索时间为2023年2月6日)，使用GooSeeker文本和分词工具对文章关键词分析词频统计和共现分析，经过数据清洗和关键词合并与删除，得到统计结果(见表3-1)。

表 3-1　关键词和共现词频统计

序号	关键词	共现词频
1	高等教育、高等学校、教育部、指南、习近平	47
2	顶层设计、教育理念、三位一体、体系建构	16
3	实践路径、实施路径、建设路径	56
4	育人目标、育人工作、育人效果、立德、育德、育人理念、育人模式、育人体系、育人作用	89
6	人才培养	38
7	价值认同、价值导向、价值引领	9
8	思想政治素养、思想观念、道德品质、法治意识	17
9	民族复兴	3
10	思政教育、思想政治教育、思政工作	101
11	教学改革	25
12	隐性教育	22
13	显性教育	18
14	内涵式发展	3
15	实践创新	2
16	高校课程	60

序号	关键词	共现词频
17	外语课程、外语学科、外语专业、大学外语教学、大学英语、英语、外语教育	73
18	通识课程	3
19	学科专业课程	2
20	政治理论课	5
21	专业课程教学	5
22	课程体系设置	2
23	财务管理专业	2
24	学科属性	2
25	思政课	15
26	体育教育、体育课程、体育类	8
27	专业课教师、思政课教师、教学能力	28
28	研究生教育	3
29	专业教育、专业思政	6
30	课堂教学	13
31	质量评价体系	3
32	教学评价	3
33	信息技术、数字化转型	6
34	教学环节	3
35	协同效应	3
36	社会环境	2
37	教学全过程	6
38	能力提升	2
39	教学内容	15
40	体验课程思政	8
41	教学方法	6
42	中华优秀传统	8
43	内化	5
44	师生互动	2
45	主体性	4

续表

序号	关键词	共现词频
46	三全育人	3
47	思政元素	4
48	通识课	2
49	新闻舆论	3
50	高层次创新	2
51	价值取向、价值意蕴	9

然后,人工进行数据回归,查询研究原始文献内容,进行第二次关键词内容合并梳理,1 号关键词属于课程思政的缘起研究,2—3 号属于课程思政建设路径研究,4—10 号属于课程思政目标的研究,11—15 号属于课程思政性质的研究,16—30 号属于不同专业课程的课程思政研究,31—32 号属于课程思政评价研究,33—50 号属于课程思政实施途径研究,51 号是课程思政的内涵研究,统计后得到关键词共现词频(见图 3-1)。

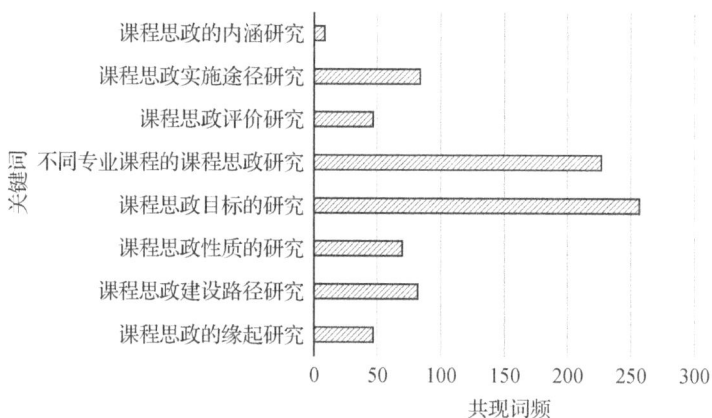

图 3-1　关键词共现词频

由图 3-1 可见,这些研究均属于宏观层面的研究,微观理论上的研究所占比例很小,主要有话语分析视角和心理学、语料库、多模态视角等(见图 3-2)。

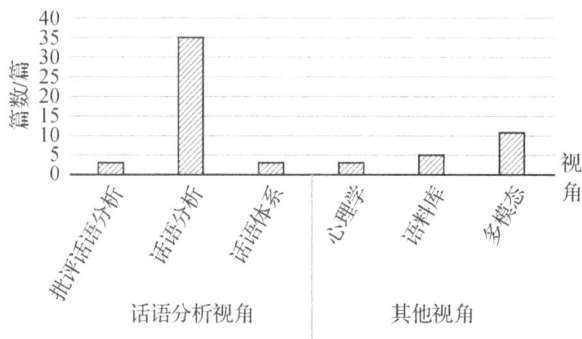

图 3-2　关键词的微观理论类型

对比图 3-1 和图 3-2 可以发现,话语分析视角的研究数量的总和远不及宏观层面的单项研究数量。

沈瑞林等的《我国高校课程思政话语体系建设的困境与对策——基于费尔克劳夫话语三维模式的考察》基于费尔克劳夫的批评话语三维分析模式,通过揭示话语的社会实践性、话语与权力、意识形态之间的关系,阐释了课程思政的话语体系的建设逻辑,为课程思政话语体系建设实践提供了思路。除此之外,用话语分析的相关理论研究课程思政的文章寥若晨星。本书将依据田海龙教授的话语互动理论中的"三维—互动"分析模型和"双层—五步"分析框架,构建适合的分析框架,阐发课程思政新话语在社会网络中生成的机理。

二、本书的分析框架

田海龙(2021)的"三维—互动"分析模型用四个椭圆表示四个社会实践,每个社会实践话语中的语言使用和社会因素都是辩证联系的。四个社会实践在历时、纵向和横向三个维度彼此关联,从而构成一个话语互动的立体网络。但是田海龙在分析说明这三种话语互动时,使用了完全不同类型的社会实践活动。在说明历时话语互动时,列举了在"学雷锋"活动这个社会实践活动中,历史上领导人评价雷锋的话语,文件、报纸中的话语与学雷锋活动话语的互动;在说明纵向话语互动时,使用的是"国家口罩话语"与

"地方口罩话语"的例子;横向话语互动则在中西医结合新话语的产生中得到了很好的阐释。本书借鉴了"三维—互动"分析模型的总体结构和理念,从过去—现在、上级—下级、平级—平级三种维度,构建过去中央思政话语(A)、现在中央思政话语(B)、现在地方思政话语(C)、现在课堂德育话语(D)和现在课堂智育话语(E)之间的话语链条,分析课程思政新话语生成的机理。A和B之间存在历时互动关系,B与C、C与D是纵向互动关系,D与E是横向互动关系(见图3-3)。当然,与A存在历时互动的话语除了B以外还有很多,如B1、B2等,而且B与B1、B2之间也存在横向互动关系,D和E的横向互动也不唯一,D还有可能与其他媒体话语、劳动教育话语产生横向互动。同理,纵向互动关系也可以有多组。学者们对课程思政的内涵认识各不相同,笔者认为课程思政无论是微观的教育方法和理念,还是系统工程或战略工程,都是社会实践,由多种话语构成网状,为社会网络中的一个部分。本书选取了5个典型话语,来阐述课程思政新话语产生和发展的机理。

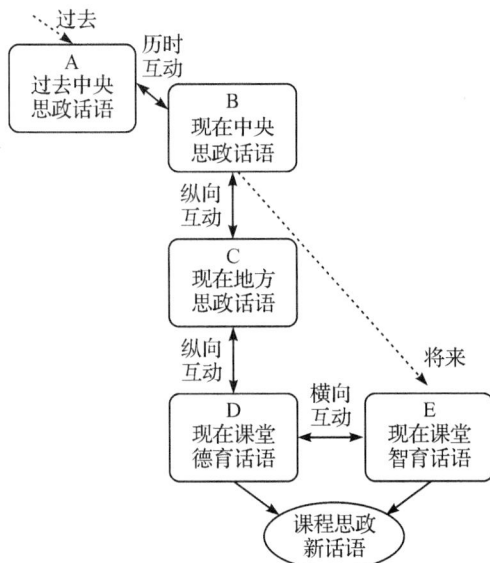

图 3-3 课程思政新话语生成机理分析模型

第二节　课程思政中的历时话语互动

自新中国成立以来,我党就十分重视各级学校对学生的思想政治教育。新中国成立初期的思想政治教育目的是巩固无产阶级政权,为社会主义初级阶段的建设提供思想保障。改革开放初期的思想政治教育目的在于抵制西方自由主义等错误思潮的颠覆与破坏。进入21世纪后,我国在经济发展迅猛的同时,也出现了各种社会矛盾,思想政治教育的重心在于强化爱国主义,化解社会矛盾。中国特色社会主义新时代的社会主要矛盾发生了转化,思想政治教育的中心任务是为中华民族伟大复兴提供有力的思想支撑和精神动力。70多年以来,思想政治教育的目的不断发生转移和变化,也经历着不同的教育主题,而这些变化和主题蕴藏在各个历史时期的"元话语"中,然后被再情景化于后续的德育话语中。

"元话语"可以简单解释为生成此话语的彼话语,或者称之为"话语的话语",是基本的和原始的话语。它们常常以直接引语、间接引语或自由间接引语等文本形式内嵌于派生话语之中,且不停地被派生话语所引用、重述和评论。这里的"内嵌"一定程度上就是再情景化的过程,社会实践的主体将元话语从原有的语境或者情境中转移出来,将其挪移到新的语境或情境中,以实现本次社会实践的目的。这样的再情境化过程在产生新话语的同时,也创造了新意义。就课程思政这一影响深远的复杂工程而言,这些具有元话语性质的话语主要体现在领导人讲话和中央文件的话语之中。

一、领导人讲话的历时再情景化

自新中国成立以来,在领导人关于思想政治教育的讲话中,无不昭示着课程思政的思想和理念,换句话说,课程思政新话语生成的渊源可以追溯到新中国成立初期,并且一直延续至今,最终凝练成课程思政新话语。下面将按照时间顺序,选取国家领导人讲话精神,对照课程思政的纲领性文件——2020 年 5 月印发的《高等学校课程思政建设指导纲要》(简称《纲要》)中的文本和语体,分析领导人讲话的元话语是如何被挪移到新的语境或情境,通过再情境化过程影响、塑造和创造新话语。

1955 年 4 月,教育部时任副部长刘子载在高等工业学校、综合大学校院长座谈会上讲话的第二条第二点要求各个高校要"树立教师对学生全面负责的思想",要求每位老师不管教哪门课程,都应在教学中对学生进行政治思想教育,要结合业务技术知识的教育随时进行政治思想教育和道德品质教育。而且指出要将政治思想教育"渗透在各个教学环节",教学活动和学生课外活动都要成为"培养学生的共产主义道德品质",教会学生"如何学习、如何工作、如何为社会主义事业而奋斗"。不仅如此,此次讲话的第三条还对如何开展学术思想批判工作提出了指导意见:"要结合教学改革和科学研究工作,按系科、按专业、按问题,具体系统地进行唯心主义学术思想批判工作"。分别对文、史、哲等系科,财经、政法系科,师范学院,工科和医科提出了思想政治教育的侧重点。可见,当时的教育部高层对于思想政治教育在高校的开展从专业或者业务课程安排的层面深入教师层面,要发挥好教师在专业课程、第二课堂中的主导作用,把思想政治教育渗透融入其中。在工作方法上的分类具体指导与《纲要》中课程思政开展分类具体指导是同一种思路。

"文革"期间我国高等教育受到极大破坏,错误思想的遗毒一时难以消解,国家急需专业知识技术过硬,又拥有无产阶级世界观的社会主义建设者,高校不分院系专业,都要为培养这样的人才而肩负起责任。1978 年 4月,邓小平同志在全国教育工作会议上的讲话中明确指出,我们"必须造就宏大的又红又专的工人阶级知识分子队伍",并且引用毛泽东同志的论断:

"思想政治工作,各个部门都要负责任。"①这些领导人的论断实际是《纲要》中"让所有高校、所有教师、所有课程都承担好育人责任"的元话语。

2005年1月,时任教育部部长周济在教育部直属高校领导干部培训班上的讲话中明确指出:"要深入发掘各类课程的思想政治教育资源,在传授专业知识的过程当中加强思想政治教育,使学生在学习科学文化的过程当中自觉地加强思想道德修养,提高政治觉悟。"《纲要》中要求,"深入挖掘各类课程和教学方式中蕴含的思想政治教育资源,让学生通过学习,掌握事物发展规律,通晓天下道理,丰富学识,增长见识,塑造品格"。可见,周济的元话语在词语选择和句式逻辑上都对《纲要》产生了影响。

2007年8月,胡锦涛同志在《在全国优秀教师代表座谈会上的讲话》中提出,要坚持育人为本、德育为先,把立德树人作为教育的根本任务,努力培养德智体美全面发展的社会主义建设者和接班人。《纲要》则提出,全面推进课程思政建设是落实立德树人根本任务的战略举措,以努力培养德智体美劳全面发展的社会主义建设者和接班人。

以上讨论的领导人讲话的再情景化可以说是体现在语言使用层面的话语互动,属于"双层—五步"分析框架的第一、第二步的分析。接下来,我们以中央会议文件的再情景化为例,进一步深入探讨社会因素层面的历史话语互动,涉及"双层—五步"分析框架的后几个分析步骤。

二、会议文件精神的历时再情景化

除领导人重要讲话精神之外,党中央有关思想政治教育的重大指示、规定、纲要等文件对《纲要》新话语的文本、语体、意识形态的形成也有着极为重要的影响。

新中国成立初期,我国完成了新民主主义革命,逐步向社会主义社会转

① 毛泽东:《关于正确处理人民内部矛盾的问题》,人民出版社1957年版,第23-23页。

变,社会在生产、教育、外交等方面都须破旧立新。而此时面临的国际国内政治形势十分复杂,国内的国民党势力还在伺机反攻;国际上,以美国为首的西方敌对势力用尽一切手段打压新中国,妄想使其政治上孤立、经济上崩溃、军事上溃败。党的内部也存在着因为革命成功而滋长的妄自尊大、贪图享乐的思想苗头。因此,新中国的高校师生应该秉承怎样的思想武器来面对全新的社会环境变得十分关键。《教育部关于华北区各高等学校1951年度上学期进行"辩证唯物论与历史唯物论"等课教学工作的指示》中的许多话语的政治指向十分明确,其中第一条指出"各系主任拟定本系教学计划时,不应单纯地从业务课着眼,而应把思想政治课目作为本系业务课的重要部分",第二条明确提出"要纠正政治课与业务课对立的错误认识和只有政治课才是进行思想政治教育的课目的不正确看法"。由此可见,新中国教育部的第一任领导就已经清晰地认识到专业课和思政课不是对立的,而是你中有我、我中有你的关系,专业课不能只教授专业知识,必须兼有思想政治教育的功能。这种政治指向与《纲要》中"必须将价值塑造、知识传授和能力培养三者融为一体、不可割裂"的论断完全一致,形成了历时的话语互动。

笔者在查找相关文献时,发现1978年到1988年党关于高校思想政治教育的文件数量很少,原因正如邓小平同志回顾改革开放头十年工作时所言:"最大的失误是忽视了思想教育,导致了青年学生理想信念淡漠。"[①]在屈指可数的几份中央文件中,1984年9月4日的《关于加强和改进高等院校马列主义理论教育的若干规定》又一次重申了中央的政治指向,强调"把学习马列主义理论同学习专业对立起来的观点,都是错误的",坚持"从红专两个方面全面培养学生,是学校各门课程和各项工作的共同任务",要"全面安排,组织各方面的力量,齐抓共管","所有教师都应教书育人,不仅要向学生传授理论知识,而且要对他们进行思想政治工作"。1987年5月29日《中共

---

① 邓小平.《邓小平文选(第三卷)》[M].北京:人民出版社,2001.

中央关于改进和加强高等学校思想政治工作的决定》中要求"把思想政治教育与业务教学工作结合起来"。这些话语与《纲要》中"使各类课程与思政课程同向同行,将显性教育和隐性教育相统一,形成协同效应,构建全员全程全方位育人大格局"的表述既有语言表达的前后相似性,又表明元话语与新话语在政治指向上的秩序一致。

进入 90 年代,党中央指出,全体教师而不仅仅是思政课程教师,在育人育德过程中发挥着关键作用,不同学科和课程要结合相关内容和各个环节,与德育有机结合,在教学和科研工作中发挥德育功能,在学校的各项管理和服务工作中渗透德育内容,对学生进行道德教育。1995 年 11 月 23 日,原国家教委颁布试行《中国普通高等学校德育大纲》,指出思想政治工作体系与学科体系、教学体系、管理体系等相互贯通。《纲要》中提出"全面统筹办学治校各领域、教育教学各环节、人才培养各方面的育人资源和育人力量建立健全系统化育人长效机制"的全员全过程全方位育人思想,即三全育人思想,就是 90 年代提出的思政教育理念的重新表达和总结,即后者是前者三全育人思想的元话语。

2004 年 8 月 26 日,《中共中央、国务院关于进一步加强和改进大学生思想政治教育的意见》第六点指出,加强和改进大学生思想政治教育的基本原则是"育人为本、德育为先,把人才培养作为根本任务,把思想政治教育摆在首要位置",这与《纲要》中的立德树人根本任务也是遥相呼应的。第十四点指出"高等学校各门课程都具有育人功能,所有教师都负有育人职责","要深入发掘各类课程的思想政治教育资源,在传授专业知识过程中加强思想政治教育"。《纲要》提出的"发挥好每门课程的育人作用,所有高校、所有教师、所有课程都承担好育人责任",与课程思政元素挖掘如盐进水、水乳交融的融入理念相同。第二十八点强调高等学校是大学生思想政治教育主阵地、主课堂、主渠道,要把思想政治教育贯穿于教育教学的全过程。其中的"主渠道"和"全过程"一字不改地被挪移到了《纲要》中。

2009 年 5 月发布的《中共教育部党组关于学习贯彻胡锦涛总书记在中国农业大学师生代表座谈会上重要讲话精神的通知》强调,加强和改进学校德育和思想政治教育要紧紧围绕"培养什么人,怎样培养人"这一根本问题,培养什么人、怎样培养人、为谁培养人是教育的根本问题。

2014 年 10 月发布的《关于在各级各类学校推动培育和践行社会主义核心价值观长效机制建设的意见》提出,要紧紧围绕立德树人根本任务,综合运用教育教学、实践养成、文化熏陶、制度保障、研究宣传等方式,重点在"融入"上下功夫,把社会主义核心价值观纳入国民教育全过程,落实到教育教学和管理服务各环节,覆盖到所有学校和受教育者,形成培育和践行社会主义核心价值观工作长效机制,使广大师生自觉将社会主义核心价值观内化于心、外化于行。整体推进教材、教师、教学、评价、学科、保障等方面综合改革创新,发掘各学科思想政治教育资源,不断提高课堂开展社会主义核心价值观教育的实效性。结合马克思主义理论研究和建设工程实施,丰富社会主义核心价值观教育的内容。促进社会主义核心价值观融入专业课程教学,打造由思想政治理论课、专业课程、社会实践、网络教学等构成的教育教学体系。

2015 年 2 月发布的《关于进一步加强和改进新形势下高校宣传思想工作的意见》强调增强系统思维,提高协同合作能力。高校宣传思想工作是一项系统工程,涉及学校、家庭、社会各个方面,关涉教学、科研、管理各个领域,必须树立系统思维,善打组合拳,不断提高协同合作能力。目前,多部门协调配合、密切联动的管理工作机制,在一定程度上还存在各自为战、信息交流不畅等问题,有待完善。要加强统筹协调,协同合作,建立各方面共同参与的工作机制,形成齐抓共管、协同推进的工作格局。

2016 年 12 月,《中共教育部党组关于学习贯彻落实全国高校思想政治工作会议精神的通知》强调要坚持把立德树人作为中心环节,把思想政治工作贯穿教育教学全过程,实现全程育人、全方位育人。强调教师要坚持教书和育人相统一,坚持言传和身教相统一,坚持潜心问道和关注社会相统一,坚持学术自由和学术规范相统一。

2017 年 12 月发布的《高校思想政治工作质量提升工程实施纲要》指出,培养德智体美全面发展的社会主义建设者和接班人(完全重合)需要深入推动习近平新时代中国特色社会主义思想进教材、进课堂、进头脑。基本任务涵盖了《纲要》中的课程思政建设目标要求和内容重点,包括习近平新时代中国特色社会主义思想、社会主义核心价值观、中华优秀传统文化、宪法法治、职业理想和职业道德五个方面。其中,"推进习近平新时代中国特色社会主义思想进教材、进课堂、进头脑"基本是原句重现和迁移。

三、过去中央思政话语与现在中央话语的互动意义

上文从对过去的领导人讲话和中央会议文件的梳理中明确了被移动的元话语文本是什么,确定了原始情境,包括元话语所处的原始时间和空间,以及再情景化后新话语的时空意义,下面我们还要分析:再情景化的发起者的目的是什么? 是否实现了目的? 对新话语的接受者而言,他对再情景化的反应是什么? 他认定的新意义是什么? 他接受还是拒绝他所认定的新意义?

首先,对于《纲要》的发布者中共教育部党组而言,将毛泽东、邓小平、胡锦涛、刘子载、周济等领导人的讲话和中央文件用语再次迁移到《纲要》中,对思政建设的根本任务、具体目标要求和方法思路进行了明确的说明和规定,将领导人的讲话上升为国家意志,将这些元话语演变成一个新的话语,其意义不仅仅是对领导人思想的充分肯定和弘扬。《纲要》中新话语的意义明确地体现在政治方面,《纲要》的发布者——也就是再情景化的发起者——需要传递出的政治意图是:新时代高校思政建设秉承的是一代代领导人的正确论断和政治愿景,为《纲要》新话语赋予了权威的力量和厚重的

底蕴,可以说这些"历时再情景化"的发起者充分利用了这一话语策略,以实现推进思政建设的社会实践目的。

其次,新话语的接受者对于再情景化生成的新话语的新意义的理解程度和接受程度亦可成为界定新意义的参数。从以上的逐句梳理比对中我们可以发现,一方面,《纲要》中的很多文本表述、遣词造句、思路做法与领导人讲话、中央会议文件措辞的部分内容如出一辙,《纲要》的阅读者看到这些耳熟能详的语句,会在无形中产生信任感,结合其他相关文本,能更容易理解新话语要传达的理念和做法。另一方面,领导人讲话和中央文件都是在重大会议上发表的,具有相当强的权威性和纲领性。所有这些都在很大程度上保证了《纲要》的读者,即新话语的接受者,更容易接受新话语的新意义。

可见,领导人讲话、中央会议文件被引用、借鉴到《纲要》,实际上是以元话语"再情景化"的形式构建的历时话语互动,分别在语言使用层面和社会因素层面具体体现。

第三节　课程思政中的纵向话语互动

课程思政是一场轰轰烈烈的教育改革,是在社会网络中处于较高层级的教育部门(例如教育部)对处于较低层级部门(例如各省、自治区、直辖市教育工作部门、教育厅)自上而下发起的一次社会实践活动,前者对后者有一定程度的支配、指导和规划作用,也就是分析模型中的 B 和 C 之间的纵向互动。《纲要》出台后,各省都制定了相应的实施方案,我们选取了《浙江省高校课程思政建设实施方案》(简称《方案》)来分析纵向话语互动。

一、语言使用层面

首先,术语的再情景化。我们以《纲要》和《方案》的第二段为例进行对比:

　　培养什么人、怎样培养人、为谁培养人是教育的根本问题,立德树人成效是检验高校一切工作的根本标准。落实立德树人根本任务,必须将价值塑造、知识传授和能力培养三者融为一体、不可割裂。全面推进课程思政建设,就是要寓价值观引导于知识传授和能力培养之中,帮助学生塑造正确的世界观、人生观、价值观,这是人才培养的应有之义,更是必备内容。这一战略举措,影响甚至决定着接班人问题,影响甚至决定着国家长治久安,影响甚至决定着民族复兴和国家崛起。要紧紧抓住教师队伍"主力军"、课程建设"主战场"、课堂教学"主渠道",让所有高校、所有教师、所有课程都承担好育人责任,守好一段渠、种好责任田,使各类课程与思政课程同向同行,将显性教育和隐性教育相统一,形成协同效应,构建全员全程全方位育人大格局。

(摘自《纲要》)

　　坚持以习近平新时代中国特色社会主义思想为指导,切实落实立德树人根本任务,坚决扛起"三地一窗口"的使命担当,牢固确立人才培养的中心地位,坚持将价值塑造、知识传授和能力培养融为一体,紧紧抓住教师队伍"主力军"、课程建设"主战场"、课堂教学"主渠道",在所有高校、所有学科专业全面推进课程思政建设,促使课程思政的理念形成广泛共识,广大教师开展课程思政建设的意识和能力全面提升,协同推进课程思政建设的体制机制基本健全。

(摘自《方案》)

《方案》作为《纲要》的呼应式文件,也就是说,《方案》是应《纲要》的要求而出台的,从而保障下级能够切实完成上级制定的《纲要》中提出的任务。通过观察不难看出,《纲要》中下画线处的多个术语的文本从其所处的语境中移出,被重新移植到《方案》这个新的语境中,也就是发生了"使文本化"。这种术语的使文本化,在两个文件中大量存在,充分体现出上级发布的《纲要》对下级制定的《方案》的指导、规约，以及《方案》对于《纲要》的呼应和服从，两者实现了在这次社会实践活动中的话语互动。

其次，文体的再情境化。《纲要》属于计划性文体，浙江省教育厅使用了同为计划性文体的《方案》来撰写对于《纲要》的呼应性文件。首先，从宏观结构上看（见图3-4），《方案》用三个部分——回答《纲要》中九个方面的论题，《纲要》中"全面推进课程思政建设""落实立德树人根本任务""全面提高人才培养质量"是《方案》的"总体要求"；《纲要》提出的课程思政建设目标要求和内容重点、课程思政教学体系的设计、课程思政的分类推进、课程思政与课堂教学的融合、教师课程思政建设意识和能力的提升及课程思政建设质量评价体系和激励机制的建立健全都是《方案》列出的课程思政建设的主要任务，也就是上级关心的重点，成为下级工作的核心任务；《纲要》提出必须加强组织实施和条件保障，《方案》的第三部分分四个方面回答了如何加强组织实施和提供良好保障。这种话语的纵向互动十分明显，也十分有效。

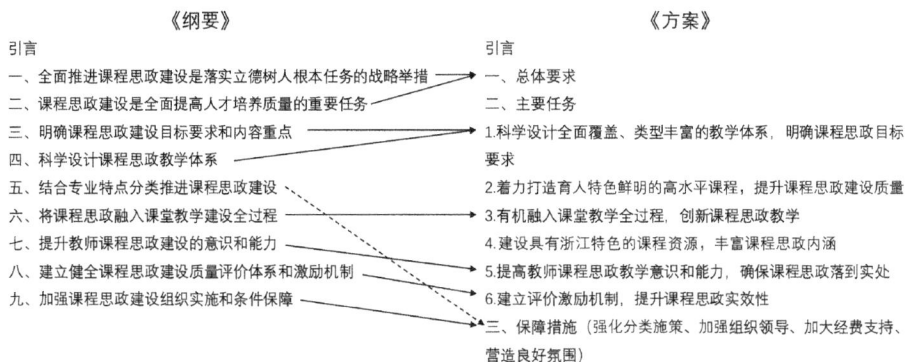

图3-4 《纲要》与《方案》结构纲目对比

当然，《方案》与《纲要》的呼应并不是依次对应的，有些许的错位，比如《纲要》的第五部分"结合专业特点分类推进课程思政建设"将大学课程分为文学、历史学、哲学类专业课程，经济学、管理学、法学类专业课程，教育学类专业课程,理学、工学类专业课程,农学类专业课程,医学类专业课程和艺术学类专业课程七类,而《方案》没有单独的篇幅进行分类,只在第三部分"保障措施"中提出"强化分类施策","根据校本特色,适应不同专业、不同课程的特点,强化分类指导",没有详细地规定每一类专业课程应该把什么作为课程思政的重点和核心,这是由于省级方案出台后,每一个高校都被要求制定本校的课程思政实施方案,因此只需将总的要求讲清楚即可。

从图3-4中可以看到,《方案》的内容、框架基本是与《纲要》的呼应和跟随,但是《方案》中也有个性化的内容,比如"主要任务"的第2点和第4点,前者提出"着力打造育人特色鲜明的高水平课程"以提升课程思政建设的质量,着力打造一流本科课程和职业教育精品在线开放课程、公共基础高水平课程、核心通识高水平课程或课程群。后者提出建设"具有浙江特色的课程资源"以进一步丰富课程思政的内涵,结合浙江省情、省史,建好、用好具有浙江特色的高等学校德育统编教材,充分利用浙江"三地一窗口"的优势,建立优质的课程思政教学资源库。这两点看似都是要跳脱《纲要》的框架,实则是对《纲要》第九部分提出的"各地教育部门要落实推进自身特色鲜明的课程思政建设工作格局"的回应,要通过这两点来树立浙江自身的特色。

最后,从微观上来看,在《方案》的话语和《纲要》的话语纵向互动的过程中,在语言使用层面的分析发现,处于社会网络较低层级的《方案》将处于较高层级的《纲要》中的在具体词汇和句型"挪用"过来,这种语体的"降级""改造"过程表明语体的"再情景化"过程已经产生。例如两个文件的第一段:

> 为深入贯彻落实习近平总书记关于教育的重要论述和全国教育大会精神,贯彻落实中共中央办公厅、国务院办公厅《关于深化新时代学校思想政治理论课改革创新的若干意见》,把思想政治教育贯穿人才培

养体系,全面推进高校课程思政建设,发挥好每门课程的育人作用,提高高校人才培养质量,特制定本纲要。

(摘自《纲要》)

　　为深入学习贯彻习近平总书记关于教育的重要论述和全国、全省教育大会精神,落实教育部《高等学校课程思政建设指导纲要》,全面推进高校课程思政建设,强化课程育人功能,提升课程育人实效,着力构建符合人才成长规律、体现时代要求、彰显浙江特色的课程思政体系,培养德智体美劳全面发展的社会主义建设者和接班人,特制定本实施方案。

(摘自《方案》)

　　两个文件的第一句话几乎一模一样,只不过《方案》把"深入贯彻落实"改为"深入学习贯彻",因为《方案》话语的发出者是浙江省教育厅,作为一个地方政府部门,面对"习近平总书记关于教育的重要论述和全国教育大会精神",首先要做的一定是"学习",然后才是"贯彻",所以此处的用词变化精准地表达了浙江省教育厅的政治站位。《方案》将"全面推进高校课程思政建设"一字不差地"挪移"过来,表明自己不折不扣地响应《纲要》的号召和要求。

二、社会因素层面

　　以上讨论了《纲要》和《方案》之间所体现出的语体纵向再情景化上的纵向话语互动。尽管只是在语言使用层面的讨论,纵向话语互动中较高层级的话语对较低层级的话语的指导和影响作用已经表现得非常明显了。接下来分析社会因素层面的话语互动,包括不同话语的指向性秩序(权利关系)和社会主体对不同指向性秩序的认识(意识形态)。这可以帮助我们更深入地认识话语互动的内在机制和动因。

　　反观这个语体纵向再情境化的过程,可以发现被再情景化的语体由具有一定权威的社会主体实施。教育部处于社会网络中的较高层级,其发布的《纲要》中的术语、文本、语体被再情景化到较低层级的社会主体——浙江省教育厅发布的《方案》中,较高层级的社会主体权威也随之转移到较低层级的社会主体身上,使浙江省教育厅对浙江省教育部门和高校如何进行课程思政建设、如何保障课程思政建设顺利进行等方面做出了种种规划和规定。在这个语体再情境化过程中,较高层级社会主体的关于"如何开展课程思政建设"的话语行为可以说是一种元话语或一种元话语的体现形式,其运作环境是系统性、层级性的社会结构,在这个意义上,这个元话语完全可以被称作"纵向话语",是一种典型的纵向再情景化。

首先,在《纲要》话语的语体被纵向再情景化的过程中,较高层级社会主体的行为方式作为纵向话语的体现形态,其权威性及与其相关的话语实践的机构性,都被转移到较低层级社会主体的《方案》语体之中。其次,这个从上到下的"元行为方式"的"再情景化"并非混乱无序的,而是层级分明的,而且这种层级具有等级的性质,使元话语具有纵向话语的特征,并在纵向再情景化过程中转变为一种体现为《方案》语体行为方式的新权威。

然而,处于较高层级的教育部的权威并非将其"元行为方式"直接通过纵向再情景化植入较低层级的浙江省教育厅的行为方式和语体之中。如果认为权威的再生产直接由机构的上下级登记关系决定,就将复杂的话语互动过程简单化了。实际上,在这个纵向再情景化的复杂过程中,浙江省教育厅作为较低层级的社会主体发挥了主观能动性,实现了权威的转移。也就是说,《纲要》的语体之所以能够变为《方案》的语体,并非因为教育部所具有的权威直接作用于浙江省教育厅,而是浙江省教育厅切实认识到课程思政建设的重大意义和深远影响,而且需要明确课程思政建设的主要任务,只有这样才能落实课程思政的建设,实现立德树人的根本任务。可以说,正是由于较低层级的社会主体(浙江省教育厅)的这种对于相关社会因素(课程思政建设)的主观认识(或成为意识形态),才能使权威的转移成为可能。因此,纵向话语互动并非一个单向决定结果的过程,而是一个通过双方互动而产生结果的过程。

三、语言使用与社会因素之间的辩证关系

处于较高层级的教育部及其话语的权威性能够自上而下地影响处于较低层级的浙江省教育厅及其话语,并非由前者所拥有的权威和权力直接导致,而是通过较低层级的浙江省教育厅对相关社会因素的社会认知来间接完成。浙江省教育厅对课程思政建设进行分析判断,认为不仅要使全省教育部门和高校认识到课程思政建设的重要意义,而且需要对课程思政建设的主要任务做出明确的框定。《纲要》发布于 2020 年 5 月,《方案》发布于 2020 年 12 月,经过 7 个月的学习和酝酿,作为地方社会行为主体,浙江省教育厅认识到,各个教育部门和高校对于课程思政建设的重要性已经有了充分认识,高校对于课程思政建设的内容重点和目标要求亦有所认识,因此,他们会认为没有必要重复发布指导性的纲要性话语;相反,他们认为更有必要发布具有具体规约性和实施性的方案性话语,对本省课程思政建设的具体任务和本省的特色做法一一进行明确的规定和说明。在语义信息方面,浙江省的《方案》对于《纲要》中的分类施策仅仅进行了简略的论述,而增加了大篇幅的育人特色鲜明、凸显浙江特色的课程资源建设内容。这表明对于浙江省教育厅这个地方社会行为主体而言,课程思政建设的实施任务对于课程思政建设伟大意义的落地具有更为具体的保证和推动作用。

第四节　课程思政中的横向话语互动

根据伯恩斯坦的解释,横向话语是人们日常生活中常识性话语,在不同领域间传播(Bernstein,2000),这种不同场景、不同片段、不同主题的横向话语之间会产生一种关联,而且会相互影响和作用,催生出同时具有两种话语

特点的杂糅的话语,这种新话语具有更新的含义和意义。这就是我们将要讨论分析的横向话语互动。

一、德育话语与智育话语的冲突

课程思政建设这一社会实践经过历时话语互动和纵向话语互动,最后抵达的场域是课堂。课堂中进行的课程承载着两个任务,一个是德育,另一个是智育,两者不是互相平行的,而是相互交错的,以达到知识传授、能力培养和价值引领的目的,因此德育话语和智育话语必然会发生横向互动。然而,在互动的初期,两种话语之间存在着冲突。

首先,Ⅰ型单一智育话语偏重知识传授的专业性而丧失育人功能。智育话语较多地围绕某个学科的某个主题进行知识化解读,让学生掌握相关知识点,增强其才能,强调了育才,但忽略了育人。同时,智育话语强调自身的客观性立场,认为课堂中的知识传授必须采取客观中立的态度,分析概念、定理、法则及其相互关系,不应该掺杂政治的、道德的、意识形态的评价和判断。即使在某些课堂中,智育话语和德育话语都在场,但是由于教师的方式方法不恰当,使两种话语各自为政,学生生硬地感受到了价值观和意识形态的植入,但是无法真正从内心被感染、被渗透,从而导致德育功能的表面化。

其次,Ⅱ型德育话语与智育话语脱离个体特性和主体价值而导致异化现象。德育话语只关注意识形态和价值观的输出,对学生个体的现实生活状态、精神需求、长期规划的关注不足;德育话语的传递方式单一,以灌输为主,缺乏启发性,难以引起学生的兴趣和共鸣,提升学生自主学习思政就更加无从谈起;充满德育话语的课堂也面临着"以学生为主还是以知识为主""以学生为中心还是以教师为中心"等问题的挑战;德育话语在传递主流价值观和意识形态时,多以教师讲授为主,这种线性表达替代了课堂应然的交互性表达,从而导致德育话语的感染力和生动性都较弱。由上可见,德育话语对学生个体、思政知识和课堂功能都存在着异化作用。

二、德育话语和智育话语的 H 型横向互动

课程思政建设的目标是从Ⅰ型话语体系转向Ⅱ型话语体系,最终实现H型的横向互动体系。如上所述,Ⅰ型话语仅仅专注于知识传授和技能训练,育才而不育人;Ⅱ型话语结构虽然有了德育内容,但是由于德育话语的内容和形式存在难以克服的缺点,也无法完成立德树人的根本任务和目标。这必然要求课堂中的两种话语横向互动,促使各类课程与思政教育内容相互融通,让学生在掌握知识技能的同时,思想、素质、品格等也都得到提升和完善。

(一)术语、语体的横向互动

德育话语和智育话语的互动在语言使用层面上主要表现为一个话语中的词语和语体被"再情境化"到另一个话语中,形成了一种新话语,我们可以称之为课程思政新话语。下面这段汉英翻译课堂中教师的讲解便是如此:

> (PPT上显示"不忘初心"的多种译法)"不忘初心"作为党的十九大报告中的主题词,一直是翻译爱好者津津乐道的话题,到底该如何引出英语,可谓见仁见智,大家看一下屏幕上的 7 种译文。刚才我们一直强调,所有的词和句子的翻译都必须放在特定语境中进行,只要符合语境、切合文体,一个词、短语或句子是可以有多种译法的。请大家思考一下这 7 种译文的优缺点是什么。"Don't forget why we started",虽然简洁明了,但是用词比较口语化,不宜作为官方文件标题或者口号;"Remain true to our original aspiration",从用词上看比较正式庄重,贴合"不忘初心"原文的风格,也能满足政论、宣传标题的基本要求。由此

可见,同一个语义,不同的词汇表达,会产生截然不同的效果,文本的大语境、微语境、主题和语体决定了同一词语的不同译法。"remain true to"在形态上比"don't forget"正式,在语义上更能表达矢志不渝之意;"our"一词与大会主题更加密切关联;"original"比"starting"或"first"更能传递党的初衷不改之意;"aspiration"则让人联想到实现中华民族伟大复兴的"远大目标"之意。总之,作为大会主题词,"Remain true to our original aspiration"在修辞和语义上都比其他译文更具优势,更能准确表达出中国共产党时刻牢记党的宗旨,不断奋斗的精神。我们每一个人都应该把个人的志向与祖国、人民的利益结合在一起,在各自的岗位上磨砺自己、奉献力量。①

这段话是英语课堂上教师结合翻译理论对"不忘初心"这一中文表达的英文译文的赏析,这是一个智育话语,但是这个智育话语中引入了一些思政术语,比如"牢记党的宗旨""奋斗精神""磨砺自己""奉献力量"。经过如此"再情境化"的过程,这个智育话语已经不是纯粹的智育话语了,但也不是纯粹的德育话语,而是新产生的课程思政话语。智育和德育不同,前者强调知识、理论、技能的培养,后者注重的是意识形态、道德品质的培养。正因为如此,智育话语和德育话语是两套不同的话语,这种不同从话语研究的角度看必然体现在语言使用层面。该教师在讲解中一方面传授了翻译的原则之一,即"所有的词和句子的翻译都必须放在特定语境中进行",词与句的翻译必须"符合语境、切合文体",指出"文本的大语境、微语境、主题和语体决定了同一词语的不同译法";另一方面在分析"remain true to"与"don't forget"的差异时,用到了"矢志不渝"这个德育色彩很浓的词语,除此之外,还使用了"初衷不改""中华民族伟大复兴"等词汇和表达。这足以体现德育话语和智育话语在语言使用层面的不同。基于此,当不同的表述文本被横向融合

---

① 文旭,徐天虹.外语教育中的课程思政探索[M].重庆:西南大学出版社,2021.

到一起时,这种语言使用层面的"杂糅"代表着新话语的产生。必须说明的是,除了术语词汇和语体,在课堂中,教师对德育话语和智育话语的输出方式也有很大不同。德育话语的输出带有较强的主观性和感情色彩,教师会自然而然地流露出对国家、人民或某种积极精神的崇敬和赞扬的感情。智育话语的输出更倾向于客观和理智,教师的语音语调及表情都会更加平稳、冷静。实际课堂中,两种话语的表达和输出不可能泾渭分明,往往也是"杂糅"在一起,让课堂的节奏有起有伏、动静相承。

(二)权力关系的横向互动

德育话语和智育话语体现在语言使用上的"杂糅"具有不确定性的特征,在有些教学环节中德育话语占据主导地位,而在有些教学环节中,智育话语扮演着无可争议的主角。在不同学科、不同课程的课堂中,价值引导与知识传授所占比重不同,功能大小各异,两种话语之间必然存在较量,主要体现为对时间分配、次序先后、传授效果、考核比重等的争夺,其实质是课程思政新话语的知识与价值双重话语力量的争夺。两种话语力量之间的关系是不对等的,这种不对等关系影响着课程思政新话语。

德育话语在课程思政建设之前,通常被认为应该出现在思政课程中,与其他智育课程并无直接关系。课程思政建设之后,经过中央教育部门和专家学者论证,充分表明智育课程与思政课程一样肩负着教书育人的重任,每一门课程都集知识传授、能力培养和价值引导三种功能于一体,每一位老师既要教书,更要育人,立德树人是每一门课程背后的深意。在这种背景之下,德育话语渐渐进入原先智育话语一统天下的场域,要与智育话语争夺权力。智育话语是先到者,具有客观、科学等指向意义;而德育话语是后来者,具有主观、政治色彩浓等指向意义,因此由这些指向意义构成的话语秩序中,两个话语的分量是不同的。一般情况下,智育话语较德育话语在课堂中的主导性更强,这种情况下产生的课程思政新话语就体现出智育话语在语言表达和语体方面占主导地位的特点。智育话语在课堂这个场域中的绝对强势地位迫使德育话语处于需要与客观科学性智育话语包装、融合的境地，这也是课程思政建设中一个重要理念形成的原因，即思政元素要融合进学科知识传授和技能训练中，做到如盐进水和润物无声。可见，德育话语和智育话语的语言使用之间的横向互动，实际上是这两种话语间以"权力关系"为体现形式的社会因素相互作用的结果。

3. 意识形态的横向互动

德育话语和智育话语在课堂中互动时是不对等的，是"权力关系"的社会因素的具体表现。这种权力关系相互作用，产生了课程思政新话语是由于教师对德育重要性的认识和自身身份的认识的结果，也包括对教育的本质的认识、学校及上级管理部门对他们的要求的认识。这些"认识"在一定程度上可以用"意识形态"这个概念体现出来。

在话语分析研究领域，"意识形态"指的是社会实践网络中活动主体对世界的主观认识（Woolard，1998），戴克（van Dijk，1998）认为意识形态是一种心理框架，是特定的社会群体对社会的信念和认知，而且意识形态所体现出的主观认知是关于公共领域里权力关系的认识（Verschueren，2012）。[①]无论一个教师所教授的学科是理工科还是农学、医学，或者其他学科，在教学的过程中，在教学行为和教学表征、细节中，都可以加入思政元素，让学生通过观察、感知、交流和合作多种形式，获得乐观向上、谦虚好学的身心状态，培养诚信友善、礼仪得体的文化素质，提升工匠精神、爱岗敬业的职业素养，树立爱国爱党、文化自信、家国情怀的理想信念，满足国家、社会、产业的需求。教师教学中所有这些话语表述都体现出其对社会主义核心价值观等主流价值的深信不疑，从话语研究的角度看，这就是他关于德育的"意识形

---

　　① Verschueren, J. Ideology in Language Use: Pragmatic Guidelines in Empirical Research[M]. New York: Cambridge University Press, 2012.

态"。在实际的课程思政建设过程中,也会出现在某些教师的课堂中智育话语始终占绝对优势,几乎没有德育话语出现的情况,其原因也是由教师的"意识形态"所致。这种问题不但出现在课堂中,在教材中也时有显现。

教材从大纲到前言,再到具体的内容,都是对具体某个学科课程知识的承载,其中思政内容量少质轻,甚至处于完全失语状态。以外语学科为例,传统教材强调目标语国家的文化,对于中国文化制度的观照很少甚至没有。外语教材中国家意识形态的缺失,对本国文化的引介和传承的不足,以及公民职业核心素养的缺位等问题都会直接导致外语学习者在爱国意识、审美意识、文化意识、自我修养等方面存在问题,进而导致"外语学习者境界不高,个人意识过强,成才动力不足,报效祖国意识不强"(文旭和徐天虹,2021)。

可见,德育话语和智育话语在两者互动而产生的课程思政新话语中的地位是由课程思政建设这一社会实践的参与者对相关社会因素进行主观认知的结果。德育话语和智育话语在课堂中谁占主导的问题,并不是智育话语弱化导致德育话语的介入,而是教育部门和教师等人员对课程思政这种社会实践的主观认知间接导致了这个结果。也就是说,如果在课堂中,德育话语有了一席之地,甚至能够贯穿于课前导入、课中讲解、课后实践等各个环节,是因为教师认为德育确实应该成为学科教学的灵魂,能够弥补只教书不育人造成的种种不良后果。这种个体或集体认知,属于话语互动中的"社会因素",以"意识形态"的形式存在,并间接决定着两种话语横向互动的走向。

第四章　德育话语和智育话语 H 型横向互动的路径

　　传统的Ⅰ型话语体系的课堂与理想课程思政的课堂在教学目标、内容、方法和评价上有很大的不同。首先是教学目标的不同。Ⅰ型话语体系的课堂主要关注学生的知识掌握和技能提升，而课程思政的课堂则更注重培养学生的思想品德、社会责任感和国家观念。课程思政强调将思想政治教育融入专业课程教学中，使学生在学习专业知识的同时，也能够增强对社会主义核心价值观的认同和践行。其次是教学内容的不同。Ⅰ型话语体系的课堂主要传授学科知识、理论和技能，而课程思政的课堂则要求教师在教学过程中，将思想政治教育内容与专业知识相结合，引导学生深入思考国家发展、民族复兴、社会进步等问题，培养学生的爱国主义情怀和社会责任感。再次是教学方法的不同。Ⅰ型话语体系的课堂通常采用讲授、讨论、实验等教学方法，而课程思政的课堂则需要教师运用更加丰富多样的教学手段，如案例分析、角色扮演、小组讨论等，以激发学生的学习兴趣，提高学生的思辨能力和实践能力。最后在教学评价方面也有所不同。Ⅰ型话语体系的课堂评价主要依据学生的考试成绩和作业完成情况，而课程思政的课堂评价则需要关注学生的思想品德、社会责任感和国家观念等方面的培养，通过多元化的评价方式，如课堂表现、实践活动、论文报告等，全面评价学生的发展。总之，传统的教授知识的课堂和进行课程思政的课堂在教学目标、内容和方法等方面有很大的不同，课程思政的课堂更加注重培养学生的思想品德和社会责任感，使学生在学习专业知识的同时，也能够增强对社会主义核心价值观的认同和践行。

与此同时，Ⅱ型话语体系的课堂虽然有了较大比例的思政教育内容，但是也存在以下问题。首先，影响专业知识的传授。过分强调思政教育可能导致专业知识的传授不足，学生在学习过程中无法掌握扎实的专业知识和技能，从而影响他们未来的职业发展和竞争力。其次，削弱学生的学习兴趣。过分关注思政教育可能会让学生觉得课程内容枯燥乏味，缺乏趣味性，从而影响他们的学习积极性和主动性。再次，抑制学生的创新思维。过分强调思政教育可能会导致学生拘泥于既定的思维模式和观念，不敢质疑和挑战权威，从而抑制他们的创新思维和批判性思考能力。从次，增加学生的心理压力。过分强调思政教育可能会让学生对政治敏感话题产生恐惧和回避心理，导致他们在面对问题时缺乏独立思考和判断能力，甚至可能会对他们的心理健康产生负面影响。最后，降低教育质量。过分偏重思政教育可能会导致教育资源的浪费和低效利用，降低整体教育质量，影响国家人才培养战略的实施。因此，在教学过程中，我们应该在保证思政教育的基础上，注重专业知识的传授，培养学生的综合素质，为国家培养更多优秀的人才。

如上所述，Ⅰ型单一智育话语偏重知识传授的专业性而丧失育人功能，Ⅱ型德育话语与智育话语脱离了个体特性和主体价值而导致异化现象。针对这两种话语类型的冲突，结合 H 型横向话语的内涵，我们认为可以从三个方面不断强化 H 型横向话语的互动，达到课程思政新话语的最优效果。

第一节　主体性和个性化横向话语互动的基础

H 型话语的最佳效果是德育话语与职业话语从在各自学科范畴内的Ⅰ型话语发展到同一学科同一场域内的Ⅱ型话语，再达到两种话语的横向贯通和融汇。目前的课程思政实践证明，这种 H 型话语的形成仅仅依靠教师方单向的努力是无法达成的，容易发生异化，因此，课堂中教师对学生的人文关怀能够发挥学生的主体性,激发出学生的个性化表达,从而不断强化德育话语和智育话语的横向连接。

一、发挥学生的主体性是课程思政的本质要求

以学生为中心的教育注重培养学生的自主学习能力、创造力和批判性思维能力。这种教育模式鼓励学生参与课堂讨论、合作学习和实践项目,使他们能够主动探索和应用知识。学生中心的教育还强调个性化学习,根据学生的兴趣、能力和学习风格提供定制化的学习经验。这种教育模式有助于培养学生的终身学习能力和适应不断变化的社会需求的能力。

以教师为中心的教育注重教师的专业知识和教学技巧,教师在课堂上扮演着主导角色,传授知识和指导学生的学习。这种教育模式强调知识的系统性和结构性,通过教师的引导和解释,帮助学生建立起扎实的知识基础。教师中心的教育也注重纪律和规范,通过明确的规则和期望,培养学生的自律和责任感。

以学生为中心的教育和以教师为中心的教育都有其优势,优势取决于具体的教育目标和环境。在实际教学中,可以综合运用两种教育模式,根据学生的需求和特点进行灵活调整,以达到最佳的教育效果。

但是在课程思政这个社会实践活动中,"以学生为中心"还是"以教师为中心"没有争论的必要,一定是选择前者,这是因为课程思政教学的目标是培养学生的思想道德素质和社会责任感,而这需要教师根据学生的实际情况和需求进行个性化的教学设计和指导。以学生为中心的课程思政教学可以更好地激发学生的学习兴趣和积极性,使他们主动参与课堂讨论和实践活动。教师可以通过引导学生思考问题、提出问题、解决问题等方式,培养学生的批判性思维和创新能力。同时,教师还可以通过与学生的互动和交流,了解他们的困惑和需求,及时调整教学内容和方法,使教学更贴近学生

的实际。当然,教师在课程思政教学中仍然扮演着重要的角色。他们需要具备扎实的专业知识和教学能力,能够将抽象的理论与实际问题相结合,为学生提供具体的案例和实践经验。此外,教师还需要注重培养学生的道德品质和社会责任感,引导他们树立正确的价值观和人生观。

综上所述,课程思政教学应以学生为中心,注重培养学生的思想道德素质和社会责任感。教师应充分发挥自己的专业优势,与学生进行互动和交流,帮助他们理解和应用所学知识,培养他们的批判性思维和创新能力。

因为只有以学生为中心,把学生放到接受道德教育和智力教育的主体地位,才可以谈好的教学方法、教学手段、教学资源,否则一切都是无源之水、无本之木。当学生成为德育和智育的主体之后,打破教师的"一言堂"和独角戏,学生的主体意识得到启发,课堂参与的积极性得到调动,对知识的批评意识得以唤醒,解释世界的自觉性重新焕发,与教师的互动成为一种对话、共享、合作,推动课堂以辩论、演讲等多种生动的形式进行,能更有效地演绎德育和智育话语 H 型互动模式。

二、培养多样个性是课程思政的重要内容

在德育方面,每个学生都有不同的价值观、兴趣和需求,因此需要根据学生的个体差异进行个性化的德育教育。传统的"一刀切"的德育方法往往无法满足学生的需求,容易导致学生对德育教育的抵触情绪。而个性化的德育教育可以根据学生的特点和需求,提供有针对性的教育活动和指导,帮助学生树立正确的价值观和道德观念。在智育方面,每个学生的学习风格、能力和兴趣也各不相同。传统的集中式教学往往无法满足所有学生的需求,容易导致学生的学习兴趣和动力下降。而个性化的智育教育可以根据学生的学习特点和需求,提供差异化的学习资源和教学方法,激发学生的学习兴趣和动力,提高学习效果。

　　个性化教育可以更好地发掘和发展学生的潜能,培养学生的创造力和创新能力。通过个性化的教育,学生可以根据自己的兴趣和能力选择适合自己的学习内容和方式,提高学习的主动性和积极性。同时,个性化教育也可以更好地满足社会对人才的需求,培养具有创新精神和实践能力的人才。因此,德育和智育都应该凸显个性化教育,以更好地满足学生的需求,促进他们的全面发展。

　　以学生为主体强调的是学生整体,那么个性化强调的就是学生个体。一方面,H 型话语互动要注意贴近学生的专业特点,寻求与专业特点吻合度高的德育素材。不同的学科可以挖掘的思政元素维度不同、层次不同,教师要注意从不同专业和学科入手,选择恰当的角度,寻找价值观的切入点。教师可以根据学生的兴趣和需求,了解学生的兴趣爱好、关注点和需求,从他们感兴趣的话题或问题出发,引发他们对道德问题的思考和讨论。教师也可以从社会热点和现实问题出发,关注当前社会热点和现实问题,如环境保护、公平正义、人权等,通过讨论这些问题,引导学生思考其中的道德价值观。教师还可以选择某些文学作品和艺术作品,选取一些具有道德主题的文学作品或艺术作品,通过阅读、观看或讨论,引导学生思考作品中的道德价值观,并与自己的生活经验联系。历史事件和人物也可以是德育的好素材,通过讲述历史事件和人物的故事,引发学生对其中的道德价值观的思考和讨论,帮助他们理解道德的重要性和影响。教师的自身经历和体验的分享往往也是很好的德育元素,教师可以分享自己的亲身经历和体验,让学生从中感受到道德价值观的力量和意义,激发他们对道德的关注和思考。在选择角度时,教师应该根据学生的年龄、认知水平和兴趣特点来确定合适的切入点。同时,教师还应该注重培养学生的批判性思维和判断能力,引导他们主动思考和探索道德价值观的内涵和应用。

　　另一方面,H 型话语互动要贴近学生个体经验和自身兴趣,强化知识和价值的内容通俗、传递有效。在德育话语和智育话语的互动中特别要注意尊重差异、个别指导,大水漫灌式和填鸭式的话语输出方式都是不可取的。只有当德育话语中含有让学生个体为之共鸣的案例、榜样等时,学生个体才能真正体会到教师要传达的价值,并从中获得力量,一点一滴地内化为个人的品质。具体有以下几种做法。

(1)个性化教育:了解每个学生的特点、兴趣和需求,根据其差异性进行个性化的德育教育。教师可以根据学生的不同特点,提供不同的学习资源和活动,激发学生的学习兴趣和动力。

(2)引导学生主动参与:鼓励学生积极参与德育教育的过程,培养他们的主动性和自主学习能力。教师可以设计一些互动性强的活动,让学生通过讨论、合作等方式参与到德育教育中,提高他们的学习效果。

(3)启发式教学方法:采用启发式的教学方法,引导学生思考和探索道德价值观的内涵和应用。教师可以通过提问、案例分析等方式,引导学生主动思考和解决问题,培养他们的批判性思维和创新能力。

(4)实践与体验结合:将德育教育与实际生活和社会实践活动相结合,让学生通过亲身体验来理解和运用道德价值观。教师可以组织一些社会实践活动,让学生在实践中感受道德的重要性和影响。

(5)反思和评价:在德育教育过程中,教师应该及时进行反思和评价,了解学生的学习情况和效果。教师可以通过问卷调查、小组讨论等方式,收集学生的反馈意见,及时调整教学策略和方法,确保德育教育的有效性。

通过以上方法,可以有效防止大水漫灌式和填鸭式教学,使德育教育更加贴近学生的需求和实际情况,提高学生的学习效果和兴趣。

第二节　编制教材内容的横向互动

课程思政建设要求的价值塑造、能力培养、知识传授三维一体的教学目

标要在课堂授课过程中加以实现,教材在这三个方面都起着重要作用:

一是价值塑造。教材是学生接触的第一手资料,它所传递的价值观对学生的思想观念和价值取向具有重要影响。通过选用符合社会主义核心价值观的教材,可以引导学生树立正确的世界观、人生观和价值观,培养学生的社会责任感和公民意识。

二是能力培养。教材不仅仅是知识的载体,更是培养学生综合能力的重要工具。教材应该注重培养学生的思维能力、创新能力、实践能力和合作能力等。通过设计富有启发性和互动性的教材内容,可以激发学生的学习兴趣,提高他们的学习效果和综合素质。

三是知识传授。教材是学生获取知识的主要途径之一。教材应该准确、全面地传授学科知识,帮助学生建立起扎实的知识基础。同时,教材还应该注重培养学生的信息获取和处理能力,使他们能够灵活运用所学知识解决实际问题。

综上所述,教材在课程思政建设中的重要性不可忽视。它不仅是学生学习的基础,更是培养学生综合素质和价值观念的重要工具。因此,编写和使用符合要求的教材对于推进课程思政建设具有重要意义。但是课堂授课的大部分内容都来源于固定成型的教材,也就是说教材是课程思政的重要内容,是育人育才的重要载体。因此,德育话语和智育话语的 H 型互动都要以教材为依托。

一、教材编写必须首先确定德育话语的主线

一部教材的主要内容是智育内容,这是毋庸置疑的,那么德育话语如何融进智育话语,融什么、怎么融,这些问题要在教材编写大纲中就有明确的设计,最好制定课程思政设计图,把与本学科相关的思政元素遴选出来,查证这些元素的出处,并按照一定的逻辑顺序排列,与相应的智育内容形成对

应。这里要特别注意，一本教材选取的思政元素不要太多，一定要紧紧围绕本学科的特点选择最恰当的元素。

（1）了解专业学科的特点：需要深入了解该专业学科的核心概念、理论框架和实践应用。通过研究课程设置、教学大纲和相关文献，了解该专业学科的知识体系和学科特点。

（2）分析专业学科的价值取向：在了解专业学科的特点后，需要进一步分析该学科的价值取向。比如，研究该学科的发展历史、社会影响和应用前景等。同时，还可以参考相关专业协会或学术组织的宣言、准则和伦理规范等文件，了解该学科的职业道德和社会责任。

（3）确定教材的德育目标：根据对专业学科的分析和价值取向的理解，确定教材的德育目标。这些目标应该与该学科的特点相契合，既能够培养学生的道德品质和职业操守，又能够提升学生的创新能力和社会责任感。

（4）设计教材内容和案例：根据确定的德育目标，设计教材的内容和案例。教材应该包含相关学科的核心知识和理论，同时也要注重道德教育的内容。可以通过引入真实的案例、行业经验和实践项目等方式，让学生在学习过程中深入思考和体验道德问题。

（5）进行教材评估和修订：在编写教材的过程中，需要进行评估和修订。可以通过邀请专业人士、教师和学生参与评审，收集他们的意见和建议，不断完善教材的内容和质量。

总之，确定教材的德育主题需要结合专业学科的特点和价值取向，注重培养学生的道德品质和职业操守，同时提升学生的创新能力和社会责任感。

德育话语主线清晰的教材对于课程思政的实施有至关重要的作用。首先，这种教材强调价值观教育，增强思想认同。明显的德育主题能够突出价值观教育的重要性，帮助学生树立正确的人生观、价值观和道德观。通过教材中的案例分析、讨论和实践活动，可以引导学生深入思考和反思自己的行为准则，培养良好的品德和道德素养。明显的德育主题能够帮助学生更好地理解和接受社会主义核心价值观,增强对中国特色社会主义道路、理论体系和文化传统的认同感。通过教材中的相关内容,可以让学生深入了解国家的发展成就、历史进程和社会进步,激发其爱国情怀和社会责任感。其次,有助于培养学生的创新精神。明显的德育主题能够培养学生的创新精神和实践能力。通过教材中的实践活动和案例分析,可以激发学生的创造力和创新思维,培养其解决问题的能力和团队合作精神。同时,德育主题也能够引导学生关注社会问题,积极参与公益活动,为社会发展做出贡献。最后,能够促进学生全面发展。明显的德育主题能够促进学生的全面发展。除了传授学科知识外,教材中的德育内容还能够培养学生的思维能力、情感态度和人际交往能力。通过教材中的讨论和互动活动,可以提升学生的思辨能力、沟通能力和领导能力,为他们未来的学习和工作打下坚实的基础。

综上所述,有明显德育主题的教材对于课程思政具有重要的意义,能够加强价值观教育、增强思想认同、培养创新精神和促进全面发展,当然也有利于课堂中智育话语与德育话语的 H 型横向互动。

二、教材德育话语必须设计可操作性载体

遴选出来的思政元素不能像补丁一样出现在一章教材的最后,草草说明一下本元素的意义就算交差。这样的思政设计是无法实现德育话语与智育话语的 H 型互动的。思政元素可以通过以下方法融入教材的专业知识中。

第一,教材编写者可以结合专业知识,将思政教育内容融入相关章节或案例分析中。例如,在经济学教材中,可以引入社会主义市场经济的相关理论,引导学生了解国家经济发展的历程、政策和目标,培养学生的国家意识和社会责任感。第二,在教材中加入相关的时事评论或案例分析,引导学生关注当前社会问题和热点事件,并进行深入思考和讨论。例如,在法学教材

中,可以选择一些与法治建设、社会公平正义等议题相关的案例,引导学生从法律角度分析和解决问题,培养他们的公民意识和法治观念。第三,教材可以设置专门的章节或模块,围绕社会主义核心价值观、中国特色社会主义道路等内容进行系统性的介绍和解读。通过理论知识的讲解和实践活动的引导,帮助学生深入理解和把握社会主义核心价值观的内涵和实践要求。第四,教材可以提供相关的阅读材料或参考文献,引导学生进一步扩展学习。这些材料可以是经典著作、学术论文、政策法规等,既能够帮助学生深入学习专业知识,也能够拓宽他们的思想视野和理论素养。第五,教材编写者可以邀请相关领域的专家学者参与编写工作,以确保教材内容的权威性和科学性。这些专家可以在教材中提供自己的研究成果和学术观点,引导学生进行深入的思考和讨论。总的来说,思政元素在大学专业教材中的体现需要与专业知识相结合,通过案例分析、时事评论、章节设置、参考文献等方式,引导学生树立正确的价值观和世界观,培养他们的社会责任感和创新能力。

思政元素应该像盐溶于水一样融入智育内容的字里行间,让学生在不知不觉中感知、共鸣、接受和内化。说教往往效果并不理想,所以好的教材应该设计好思政元素的载体,通过辩论、演讲、短剧等形式在课堂活动中生动地呈现出来,同时还发挥了学生的主体性,甚至体现出学生的个性。具体有以下活动载体可以设计。

(1)教学案例分析:通过引入与学科内容相关的社会热点事件、历史事件或经典案例,教师引导学生进行深入讨论和思考。这种方式可以帮助学生将专业知识与实际问题相结合,培养他们的思辨能力和问题解决能力。

(2)课程论文写作:要求学生选择一个与学科内容相关的话题,撰写一篇具有思政意义的论文。这种方式可以促使学生对所学知识进行深度挖掘和扩展,提升他们的研究能力和学术素养。

(3)课堂小组讨论:将学生分为小组,让他们就某一主题展开讨论,最后进行汇报和分享。这种方式可以锻炼学生的沟通协作能力和团队合作精神。

（4）实践活动：组织学生参与到与学科内容相关的实践活动中，如实地考察、社会实践等。这种方式可以帮助学生将理论知识应用到实践中，增强他们的实际操作能力和社会责任感。

（5）专家讲座：邀请具有丰富实践经验和理论素养的专家学者进行专题讲座，为学生提供更加宽广的视野和深入的理解。这种方式可以拓宽学生的知识面，激发他们的学习兴趣。

以上这些活动载体旨在实现专业教育和思想政治教育的有机融合，达到润物无声的育人效果。

三、教材编写队伍必须思想道德素质过硬

前两点的顺利实施必须由教材编写者本身优良的道德品质和崇高的政治觉悟加以保障。试想一个政治素质低下的编者如何能够编出一本德育话语和智育话语互动良好的教材呢？反之，政治素质良好、学科知识深厚的编者才能游刃有余地在知识的背后挖掘跟本专业相关的价值、精神、思想，将其阐述清楚，并设计好可操作性强的活动载体。优秀的专业教材能够助力德育话语和智育话语的 H 型互动，让科学精神与道德价值走向交融。

首先，在教学过程中，教师需要有意、有机、有效地对学生进行思想政治教育，并将人的思想政治培养作为课程教学的首要目标。其次，专业课教师的思想政治素养及其思政教育能力是影响高校专业课与思政课协同育人效果的关键因素。而教师在进行课程思政的过程中，一方面，要遵循课程思政的专业规定性，使课程思政切实服务于专业人才培养目标的达成；另一方面，要充分发挥教师自身的主观能动性，将思政元素有效融入教材中。同时，做好思政课程和课程思政的工作，提升思想政治教育效果，实现铸魂育人，对高校教师队伍提出了更高的要求。最后，教师参与课程思政建设的情

况和教学效果应作为教师考核评价、岗位聘用、评优奖励、选拔培训的重要内容,并在各类成果的表彰奖励工作中,突出课程思政要求,加大对课程思政建设优秀成果的支持力度。

因此,大学教师需要提高自身的思想政治修养,可以从以下几个方面进行:

一是深入学习马克思主义理论,关心国家大事。马克思主义是我们党的行动指南,也是我们做好教育工作的理论基础。教师应该深入学习马克思主义理论,理解其科学内涵,掌握其基本原理和基本方法。教师应该关注国家大事,了解国家的发展方向和政策动态,这样才能更好地引导学生树立正确的世界观、人生观和价值观。

二是参加党的活动,加强自我修养。教师可以积极参加党的各项活动,通过这些活动,提高自己的思想政治素质,增强党性教育。教师应该注重自我修养,不断深化自己的专业知识,提高自己的教学能力。这包括对所教授学科的深入理解,以及对教学方法和技巧的掌握。教师是学生的榜样,因此,教师应该注重自己的道德修养,做到言传身教,以身作则。教师应该保持学习的热情,不断学习新的知识和技能,以适应社会的发展和变化。

三是参加教育培训。教师可以参加各种教育培训,提高自己的专业素质和教育教学能力。其中包括课程设计、教学方法、评价方式等方面的能力。此外,教师应该不断学习先进的教育理念和方法,提高自己的教育教学能力。

思想素质过硬,自身修养深厚,这样的教师才能保证编写出的教材能够准确地确定该专业教材应有的德育话语主线,并能够很好地将专业知识和德育主线结合和融合,设计出适合学情、促进本专业智育目标达成的德育话语可操作性载体。这样的教材才能全面促进课堂中智育话语和德育话语的H型横向互动。

第三节 教师个体与群体的角色跨界

教师个体是指作为一个独立个体的教师个人。教师个体化成长是一个自觉塑造和自主发展的过程,具有鲜明的个体性、主动性、发展性和终身性特征。教师个体的自我反思、自我学习、自我教育和自我建构是其基本路径,目的是追求教师个体的职业发展和终身发展。在教师教育研究领域,有大量的研究开始关注教师个体的知识、智慧、思维、习惯、勇气、力量、行为、情感、心理等因素对于促进教师发展的作用。此外,教师个人知识有别于传统意义的教师群体知识,是指从事教育实践工作的教师个体所拥有的作用于其教学行为的全部知识。具体说来,教师个体是指教授某一门课程的老师,其对这门课程的内容有着专业的学科背景,对课程的教学安排有着独到的教学风格,对课程的教学目标也有特定的设计。个体教师在课程思政新话语中是十分重要的一个主体。

教师群体是指由多个教师组成的团队或社群,他们共同分享某种特定的职业身份和责任。教师群体的专业发展有更为丰富的内涵,从国家和社会的立场出发,我们探讨教师的专业发展,往往是指向整个教师队伍。教师专业化在本质上强调的是成长和发展的历程,它包括三个层次:一是教师个体的专业水平提高的过程;二是教师群体的专业水平提高的过程;三是教师职业的专业地位的确立和提升的过程。从狭义的角度说,"教师专业化"更多是从社会学角度加以考虑的,主要强调教师群体的、外在的专业性提升。教师群体则不仅仅包括某一门课程的授课教师,还包括辅导员、班主任、分管学生工作的行政人员、宿舍管理人员等所有教职工,这个概念的外延与中央所提出的"全员育人"概念中的"全员"十分接近。全员育人是指在教育过程中,所有教师、学生和管理人员都参与其中,共同促进学生的全面发展。

在这种合作中,各方共同努力,通过课程思政的方式,将思想政治教育融入学科教学中,帮助学生提高思想政治素质,培养他们的社会责任感和公民意识。此外,全员育人还强调团队合作和资源共享。在课程思政的合作中,各方需要密切协作,共同制订教学计划、组织活动、分享资源等,以实现教育目标。这种合作方式有助于提高教育质量,培养学生的团队精神和协作能力。

打造德育话语和智育话语 H 型互动模式离不开教师个体双重角色的互动和教师群体全员角色跨界。教师个体和群体角色的跨界和合作应该明确目标和分工,在开始合作之前,各方应该明确合作的目标、任务和分工,确保每个人都清楚自己的职责和期望。合作过程中,保持良好的沟通是非常重要的,应定期召开会议,分享进度和问题,确保信息畅通。合作需要投入时间、人力和财力等资源。各方应该确保有足够的资源来支持合作项目的实施。信任是合作关系的基石。各方应该诚实、透明地交流,遵守承诺,以建立和维护彼此的信任。合作过程中可能会出现各种变化和挑战。各方应该保持灵活性,及时调整策略和方法,以应对不断变化的情况。合作的目的是实现共同的目标,各方应该公平地分享合作的成果,确保每个人都能从中获得价值。

一、教师个体是"经师"和"人师"的双重角色

教师个体最熟悉的角色就是传授知识、技能的"经师"角色,通过不断的教研、培训,形成自己的学术成果和教学特色。在课程思政新话语中,教师个体要有学术育人的意识,要扮演好"人师"的角色,使知识传授不但有深度,而且有温度、有态度,在智育中融入"德育味"。也就是说,个体教师要深刻认识到专业知识"是什么",还要讲清楚"为什么""应如何",把自己培养成"经师""人师"的合体。

教师个体作为"经师"的主要职责是传授专业知识,引导学生掌握学科

基本理论、基本技能和基本方法。为了实现这一目标,教师需要具备扎实的专业知识、严谨的治学态度和良好的教育教学能力。同时,教师作为"人师",还肩负着培养学生全面发展的责任。这就要求教师在教学过程中关注学生的个体差异,关心学生的成长和发展,帮助学生树立正确的价值观、人生观和世界观。要将"经师"和"人师"两种角色互动起来,教师可以采取以下策略:

一是以身作则。教师要严于律己,遵守学术道德规范,诚实守信,为人师表。通过自己的言行举止,影响和感染学生,使他们在学术上追求卓越,品德上追求高尚。教师要严格遵守学术道德规范,诚实守信,不抄袭、剽窃他人的成果,不捏造、篡改数据。在学术研究中,要遵循客观、公正、真实的原则,为学生树立良好的学术榜样。教师要具备扎实的专业知识和严谨的治学态度,对待教学和科研工作要认真负责,力求精益求精。在教学过程中,要注重培养学生的独立思考能力和创新精神,引导他们形成正确的学术观念。在工作中,要勤奋敬业,尽职尽责,为学生提供优质的教育资源和服务。教师要遵守国家的法律法规,尊重学校的规章制度,维护学校的正常教育教学秩序。在生活中,要遵纪守法,教师要不断学习,提高自己的专业素养和综合能力,通过参加培训、学术交流等活动,拓宽知识面,更新教育观念,提高教育教学水平。

二是关注学生需求。教师要热爱自己的职业,关心学生的成长和发展,关注教育教学改革,不断提高自己的教育教学水平。教师要关注学生的需求,了解他们的困惑和问题,有针对性地提供指导和帮助。同时,要尊重学生的个性,鼓励他们发挥自己的特长和兴趣。教师要与学生建立平等、互信、互助的关系,关心他们的生活,关注他们的心理健康。通过良好的师生关系,促进学生的全面发展。

三是融入实践和德育工作。教师要将理论知识与实际相结合,引导学生参与实践活动,培养他们的动手能力和创新能力。通过实践教学,使学生更好地理解和掌握知识,提高综合素质。教师要将德育工作融入课程教学中,通过案例分析、讨论等形式,引导学生思考社会伦理问题,培养他们的道德情操和社会责任感。

总之,大学专任教师要将"经师"和"人师"两种角色有机结合,既要关注学生的学术成长,也要关注他们的品德养成,全面提高学生的综合素质。

二、教师群体打破岗位分工界限,实现角色跨界

高校中的教职工根据所处岗位不同,各自负责相对单一的工作,如专任教师负责教学、辅导员负责学生综合事务、班主任负责某班级的具体管理、学生处老师负责全校学生工作部署和监管、宿管人员负责学生公寓的管理等。德育话语和智育话语 H 型横向互动不可能仅仅依靠专任教师完成,而是由全校所有教职员工协同开展,每个岗位的教职员工都应该是复合角色,这才符合中央提出的"全员育人"的宗旨。

辅导员和班主任可以通过以下途径主动参与和配合专任教师的课程思政设计:

一是了解课程内容。辅导员和班主任要熟悉所负责班级的课程设置和教学内容,了解专任教师的教学目标、方法和要求。这样,在与学生沟通时,才能够更好地把握课程思政的重点和难点,为学生提供有针对性的指导。如果有相似的专业背景,辅导员和班主任可以与专任教师共同参与课程设计,将思想政治教育融入课程教学过程中。例如,在课程大纲中明确思政教育目标,设置相关课题和实践活动,引导学生将专业知识与社会主义核心价值观相结合。

二是开展主题班会。辅导员和班主任可以组织学生开展主题班会,围绕课程内容进行深入讨论,引导学生思考社会现象和问题,培养他们的社会责任感和公民意识。同时,辅导员还可以邀请专任教师参加班会,分享教学

经验和心得,提高学生的学术素养。辅导员和班主任要关注学生的个体差异,针对不同学生的特点和需求,提供个性化的指导和帮助。对于学习困难的学生,辅导员要及时与专任教师沟通,共同制订帮扶计划,帮助他们解决学习问题。

三是加强实践教学。辅导员要关注学生的实践教学环节,鼓励他们参与课程相关的实践活动,如社会实践、科研竞赛等。通过实践教学,学生可以将理论知识应用于实际,提高综合素质,培养创新能力。辅导员和班主任要与专任教师建立良好的合作关系,共同关心学生的成长和发展。在工作中,辅导员要尊重专任教师的专业权威,支持他们的教学工作;同时,也要关注学生的反馈意见,及时向专任教师反映学生的需求和建议。

学生处等学生管理部门则可以通过制定关于课程思政的政策和指导意见,明确课程思政的目标、内容、方法和评价标准,为专任教师提供具体的指导。可以定期组织专任教师参加课程思政的培训和研讨活动,提高教师的课程思政教学能力和水平;鼓励教师分享教学经验和心得,促进教师之间的交流和合作。整合校内外的资源,为专任教师提供课程思政教学所需的资料、案例、实践基地等支持;同时,关注教师在课程思政教学中遇到的困难和问题,提供必要的帮助和支持。学生处可以对专任教师的课程思政教学进行监督和评价,确保教学质量。学生处可以通过听课、评课、查阅教案等方式,了解教师的教学情况,及时发现问题并提出改进意见。另外,学生处可以开展丰富多样的课程思政活动和项目,如主题讲座、实践活动、社会调查等,为专任教师提供实践教学的平台,增强课程思政的实效性。学生处定期收集专任教师、学生和社会的反馈意见,对课程思政教学进行总结和反思,不断优化教学内容和方法,提高课程思政的质量和水平。总之,学生处与专任教师之间要加强沟通和协作,形成合力。双方要共同关注课程思政教学的发展,共同解决课程思政教学中的问题,共同推动课程思政 H 型互动话语的构建。

一是了解学生情况。宿舍管理员与学生生活在一起,更了解学生的思想动态、学习状态和生活困难。他们可以将这些信息及时反馈给专任教师,帮助教师更好地了解学生,有针对性地开展课程思政工作。

二是关注学生心理健康。宿舍管理员要关注学生的心理健康,及时发现学生可能存在的心理问题,如焦虑、抑郁等。一旦发现问题,要及时通知专任教师,协助教师为学生提供心理辅导和支持。

三是营造良好的宿舍氛围。宿舍管理员要努力营造一个和谐、温馨的宿舍氛围,鼓励学生相互关爱、互相帮助。通过组织一些集体活动,如读书会、座谈会等,增强学生的集体荣誉感和归属感,促进学生全面发展。

四是开展思想政治教育。宿舍管理员可以结合学生的实际情况,开展一些简单的思想政治教育活动,如观看纪录片、举办讲座等。这些活动可以帮助学生树立正确的世界观、人生观和价值观,提高他们的思想政治素质。

五是加强与专任教师的沟通与合作。宿舍管理员要与专任教师保持密切沟通,共同关注学生的发展和教育教学工作。在必要时,可以协助专任教师组织一些课程思政相关的活动,如主题班会、座谈会等。

六是做好学生的榜样引导。宿舍管理员要以身作则,严于律己,为学生树立良好的道德榜样。在工作中,要遵守纪律,诚实守信,关心学生,努力提高自己的业务水平和综合素质。

总之,高校宿舍管理员要积极配合专任教师进行课程思政工作,共同为学生的全面发展创造良好的条件。

第五章　高职英语类课程思政教学话语实践

第一节　高职通用英语类课程思政教学设计基本思路

我国高职院校基本都开设了通用英语类课程,课程教学目标一般设定为提高学生英语应用能力,帮助学生通过相应的英语等级考试,比如省级三级英语等级考试、大学英语等级考试(四级)等。课程名称多数为"大学英语"或"综合英语"。通用英语类课程面向的学生数量巨大、开课时间很长、覆盖专业面广泛、授课教师数量庞大,课程内容本身不但具有通用性,而且具有很强的通识性,这些特点决定了高职通用英语类课程的课程思政教学具有其他课程所不具备的优势,因此要科学设计确立课程思政教学思路。

一、精准顶层设计,构建课程思政育人体系

课程思政在具体课程中的实施必须有系统化的设计,形成可操作性的路径和流程,让师生有章可循,有法可依。根据《高等学校课程思政建设指导纲要》,课程思政建设的内容要紧紧围绕坚定学生理想信念,以爱党、爱国、爱社会主义、爱人民、爱集体为主线,围绕政治认同、家国情怀、文化素养、宪法法治意识、道德修养等重点优化课后程思政内容供给,提升教师开展课

程思政建设的意识和能力,系统地进行中国特色社会主义和中国梦教育、社会主义核心价值观教育、法治教育、劳动教育、心理健康教育、中华优秀传统文化教育。以上内容繁多,维度多元,外延丰富,如何有机地与通用英语课程内容结合甚至是融合,就必须有精细准确的设计和谋划。其次,《纲要》还明确要求各个高校构建科学合理的课程思政教学体系,以保障以上思政内容在高校中不同专业、不同学段、不同课程中有效落地,这同样需要有组织、有目的的系统设计。最后,通用英语课程的思政教育还必须考虑与其他课程之间的协调和合作,根据各自课程特点和优势,开展思政教育,让思政教育的效用最大化和最优化,这样离不开顶层的系统设计。

二、更新教材内容,融入课程思政育人元素

高职院校过去注重为区域经济发展服务,强调培养满足行业需求的知识技能复合型人才。目前党中央提出立德树人、三全育人的总方针和总要求,高职院校人才培养也要随之而动,把素质教育、价值观教育、道德教育通过课程思政的手段与知识传授、能力实训有机融合。但是通用英语的教材更新还没能快速跟上,市场上大部分教材还是遵循以往所谓英语要"原汁原味"的原则,引进国外教材,或者引用国外媒体、文学作品中的语料,不加甄别、不加过滤,甚至可能泥沙俱下。这些教材虽然在一定程度上丰富了高职学生对英语语言和文化的接触,但是由于高职学生普遍心智不够成熟,对很多事物缺少辨识力和批判精神,所以不少学生对国外文化产生了盲目的喜爱甚至是崇拜,而忽略或否定中国本土文化的魅力,削弱了对中华文化的自信。虽然也有部分教材设计了跨文化沟通、弘扬中华文化、中西文化交融等方面的内容,但是都缺乏系统性和自觉性,主观性、随机性较强。因此,目前大多数高职英语教材无法在立德树人的过程中发挥应有的内容载体作用。

高职教材应该不仅涵盖语言文化知识和技能,具备应有的知识性,还要

渗透充足的思政元素,体现教材的政治性。秉承正确的政治性就是要将党和国家领导人对于教育的全局性指导性思想作为教材编写的方向,贯穿教材的各个部分。政治性和知识性是当前优秀示范教材必备的评判标准,没有政治性的教材如同没有灵魂的人,是不可能发挥出教育人、培养人的作用的。"课程思政"的总要求和总目标为教材注入了精神支柱,所以高职通用英语教材亟须更新内容,以适应课程思政改革的要求。

高职通用英语教材的编写应体现新时代和新要求,体现党和国家对教材的基本要求,坚定文化自信,坚定社会主义立场,坚守中国文化的话语权,在社会主义核心价值观和中华优秀传统文化中体现出中国特色和中国风骨,逐步熏陶培养学生正确的世界观、人生观和价值观。首先,在教材中创新融入中国文化、中国故事的英文表达。高职学生接受传统的英语教育已达十年之久,对英语文化也浸染已久,所以对许多西方国家的流行文化元素耳熟能详,津津乐道,而对于我们中华民族文化的英语表达却并不清楚,对"端午节""年夜饭""龙井茶"这样的中国文化符号的英语表达十分陌生。所以在新教材编写过程中,编者要有意识地融入这样的英文表达。比如讲到"Dining"的主题,在介绍西方用餐礼仪和菜品的同时,可以结合这个主题,联系中国的菜系、茶文化、传统节日食品等进行讲解。其次,在教材中创新融入社会主义核心价值观的元素。一篇课文,英语文字只是语料,语料的内核应该是所传递出的思想价值观。比如"Bike-sharing in China"这样的一篇课文,除了单词、句型、注释和习题外,教材中应该有一个部分专门拓展开去,围绕中国共享单车系统的发展背后所反映出的环保理念,向学生介绍中国政府在环境保护方面所做出的更大的承诺和贡献——2030 年实现碳达峰,2060 年实现碳中和。

三、培训师资团队,夯实课程思政育人根基

"亲其师,信其道;尊其师,奉其教;敬其师,效其行",这句话讲的就是只

有师生关系和谐,学生才能心悦诚服地接受老师的教育,尊重自己的老师,并且信奉老师的教导,听从老师的教诲。课程思政要扎实推进,学校师资团队的作用是至关重要的。没有一线教师对于课程思政改革的切实推行和执行,学生就不可能获得真正有效的思政教育,所以必须对师资团队加强培训,夯实课程思政育人的根基。

首先,学校主导,开展学习,吃透中央关于课程思政的文件精神。学校相关职能部门要组织全校教师开展学习活动,研读原文件,聆听中央领导的讲话,展开讨论,让课程思政文件精神进头脑、进教案、进课堂。其次,学院邀请专家进校,传授高职通用英语课程思政的方法路径。每个学院要积极邀请课程思政方面的专家进到学院,为前期的学习解疑答惑,把好的课程思政做法传授给每个老师。最后,个人要主动积极参与,探索课程思政的具体操作方法。仅仅有了学校和学院的培训和督促,没有个人的积极实践仍然是不够的。每个老师要主动将所学到的、领悟到的有关课程思政理念和要求与自己的课程结合,让"高大上"的理论落地生根,让社会主义核心价值观、中华传统文化、家国情怀等优秀的进步的价值观真正在学生们的心里发芽,开出最美丽的花朵。

四、创新教学方法,灵活课程思政育人载体

思政教育不能通过简单的说教来达成,这已是共识。高职通用英语课程的思政融入同样要发扬英语课形式活泼的优势,创新教学手段和育人载体,将课堂教学、实践教学、校园文化活动三个平台结合起来,更好地将思政元素如盐溶于水般融合到语言技能训练和知识讲解中。

课堂教学是育人的主渠道,由教师按照教学大纲、教学计划和教案,运用科学的知识传授手段,遵循教学规律,在校内规定的时间和空间对固定组织的学生开展规定的知识传授。通用英语的课堂教学应在此基础上,充分

挖掘课程中的思政元素,在课堂教学中传授专业英语知识的同时兼顾学生的思想政治教育。实践教学是指教师按照计划的教学方案,采用科学的、有针对性的实验实训实践方法,在学校安排或自主安排的时间空间对班级学生开展规定的技能训练、动手能力培养等。根据高职课程思政教学的实施方案,通用英语教学在通过实践教学培养学生掌握科学方法和提高实操能力的同时,要考虑学生素养的提高和正确价值观的形成。校园文化活动指的是以学生为主体,包括全体教职工,以校园为主要空域,以育人为主要导向,以学校的理念形态文化、行为制度文化和物质形态文化等为主要内容的一种群体文化。通用英语课程要根据校园活动的互动性、渗透性和传承性特点,开展健康的校园文化活动,通过潜移默化的形式陶冶学生的情操、启迪学生的心智,促进学生的全面发展。

可以将课堂教学中的理论育人、实践教学中的实践育人和校园文化活动中的文化育人结合起来,形成合力并且优势互补,增强课程思政立德树人的整体效应。通用英语课堂教学的关键是把英语教学与改革开放和社会主义现代化建设的实际密切联系起来,兼顾学生的思想实际,结合英语语言教学的特点深挖思政元素资源,充分发挥课堂理论育人的吸引力、说服力、影响力,提高时效性。实践教学是课堂教学之外的又一重要的立德树人的有效途径。如马克思、恩格斯所言:"生产劳动同智育和体育相结合,它不仅仅是提高社会生产的一种方法,而且是造就全面发展的人的唯一方法。"[①]在实践活动中,学生是实践的主体,他们的主动性应得到极大的发挥,这样就避免了课堂理论教学中硬性灌输而导致的不理想效果。实验、实践、实训等多种多样的活动,特别是社会实践的观察教育、参与教育、磨砺教育对于高职学生树立正确的人生观、世界观、价值观具有不可替代的重要作用。校园文化活动是文化育人的隐性途径。校园文化活动的育人不同于课堂的理论育

---

① 马克思、恩格斯:《马克思恩格斯选集》(第二卷),人民出版社 1995 年版,第 212 页。

人实践教学的实践育人,它具有环境育人的互动性、渗透性和传承性等特点。校园文化分为理念文化、行为制度文化和物质文化三类,理念文化是校园文化的内核部分,物质文化是校园文化的载体和基础,行为制度文化是连接两者的中介。三种文化的丰富、互动和发展对于学生的思想观念和行为方式都具有重要影响,是不容忽视的育人途径。

五、深化教学研究,注重课程思政育人示范

《纲要》要求充分发挥"高校课程思政教学研究中心"的作用,围绕课程思政建设的重点、难点、前瞻性问题等进行深入研究。从教育部到教育厅再到各个高校,建立了不同等级的课程思政研究机制,包括课程思政建设先行校、课程思政教学名师和团队、课程思政示范课程、课程思政教学研究示范中心、课程思政建设研究项目等。这些机制和项目涵盖了课程思政师资建设、课程思政课程建设、课程思政理论研究等方方面面,极大地调动和增加了各级教育主体的积极性和参与度。各级教育主体相应地开展搭建课程思政建设的交流平台,分区域、分学科、分专业进行典型经验交流、现场教学观摩、教学教师培训等活动。同时,充分利用现代科技手段,促进优质资源在各区域、各层次、各类型的高校间共享共用,增强了课程思政建设头部高校的示范引领作用。

通用英语课程作为课程思政建设的其中一环,虽小但不可或缺,必须积极参与以上各级课程思政建设项目,鼓励教师参与培训,提高自身思政水平,加强理论研究和实践,形成优秀的课程思政案例,共享示范,带动更多的英语课程完善课程思政建设。

第二节　通用英语课程思政教学设计典型课例

通用英语类课程在目前高职院校中多以"大学英语""综合英语""基础英语"等为课程名称,以下以"综合英语"为例,说明高职通用英语课程的课程思政教学设计。

一、课程思政定位

(一)课程内容概述

"综合英语"课程为综合性英语专业技能课,目的在于通过语言基础训练与篇章讲解分析,传授系统的基础语言知识(包括语音、语法、词汇、篇章结构、语言功能/意念等),综合训练基本的语言技能(听、说、读、写、译),使学生逐步提高语篇阅读理解能力,了解英语各文体的表达和特点,扩大词汇量和熟悉英语常用句型,具备基本的口头与笔头表达能力,培养和提高学生运用英语进行交际的综合能力,培养学生的逻辑思维能力和自学能力,并使他们的文化素养有一定程度的提高。

(二)课程在专业人才培养方案中的地位和作用

"综合英语"课程是全面服务于专业群的一门必修基础课程,服务于全院学生提高英语应用能力,为学生专业课程的学习奠定扎实的语言基础;同时,也为省级及国家级学科竞赛培养优秀的英语人才。课程突出学生主体,开展教学改革,深化课证融合,加强课赛融合,注重过程评价,开发课程资源,拓展学用渠道,共同作用于基础语言技能和综合语言应用能力的提高,而这两者提高后学生自然可以发掘文化内涵,提高心智水平。

（三）在人才培养中对育人环节的支撑作用

1.课程内容的优化促进文化自信的树立

"综合英语"课程根据教材内容,引导学生既了解西方文化,又关注中国文化,强调跨文化思维的碰撞。除教材之外,课程还可以利用社会热点和师生身边的鲜活事例,找准教学内容与课程思政教育的有机结合点。例如,在讨论"交通运输"话题时,通过引导学生对比中美铁路、公路、民航的建设历史和发展现状,了解我国基础设施建设对国民经济发展的巨大作用,以及通过"一带一路"倡议,高铁作为品牌项目援助非洲、美洲等地区,成为新时代中外贸易和友谊的桥梁和纽带,让学生感受到社会主义制度的优越性,展望"一带一路"背景下人类命运共同体建设的美好前景。课内课外、书上网上、多模态的语言文化输入,在各种话语场景下,学生的思政教育变成了水到渠成的结果。

2.课程活动的设计利于优秀品格的塑造

"综合英语"课程的开展让学生在看世界的同时,更生动直观地认识到伟大的祖国在各个领域所取得的成就。通过师生讨论,学生学会甄辨是非,辩证地看待自我和他者,更理性地认识和定位自我。通过用英语讲述中国故事、中国人民的故事、自己的故事,增强民族认同和文化自信。通过小组辩论,学生批判性思维能力不断进步,并锻炼了良好的创造力、合作力、共情力和健康的世界观、人生观、价值观。通过课后活动,学生能更自主地进行学习探索,培养积极主动、务实创新的品格,为今后更快地成长成才奠定基础。

3.课程环境的再造便于国际视野的拓展

"综合英语"课程内容多、难度大、进度紧、任务重,而且课程目标、教学方法与中学阶段完全不同,学生往往需要时间适应新的学习环境——包括线上教学环境和线下教学环境。线上线下采取的混合式教学模式,能够全方位地拓展学生的国际化视野。线上环境包括论坛、答疑、作业等不同的模块,学生通过这些模块,可以很好地与同学、教师进行沟通交流,扩展自己的视野。线下环境更为丰富,比如导师讲座、师生座谈、英语角、社团活动等,为学生答疑解惑,指明方向,指导基础弱的学生尽快适应综合英语课程学习。还可以通过党员教师与学生结对的形式,对学困生进行"精准辅导"。外教的社团指导让学生学会英语的同时,还拓展了跨文化沟通和国际化视野。

(四)课程思政教学要点分解

"综合英语"课程的教学不但要传授知识培养能力,还需充分发挥课程的德育功能,承载起培养新时代下为中国特色社会主义事业奋斗终身的人才的责任。结合综合英语课程的教育属性、人文属性、工具属性和教学属性,本课程的思政建设应从全方位、体系化的思路展开,充分利用课程资源,让学生在构建语言知识体系的过程中,通过中西文化的对比与交流,完善思想认识体系,全面增强学生的国际文化感知力,让本课程成为立德树人的有力载体。课程将"启思明道 思而后行"八字作为思政之魂,然后设计出"时政要闻启思、名士名家明道、核心价值观践行"三种思政要素载体,便于在课堂上开展思政教育。

(1)信念维度:主要融入"大国责任、制度自信"两个思政元素。

(2)文化维度:主要融入"本文化自信、他文化尊重"两个思政元素。

(3)素养维度:主要融入"积极务实、团队合作、终身学习"三个思政元素。

二、课程思政设计

(一)教学内容

根据"综合英语"课程在专业人才培养方案中的地位和作用及对育人环

节的支撑作用,本课程从信念维度、文化维度、素养维度设计课程思政目标、呈现内容和呈现形式,整体教学内容框架如表 4-1 所示。

表 4-1 "综合英语"课程思政教学内容

章节(模块)	知识目标和能力目标	思政目标	思政目标在本章节中的具体体现点和结合点	思政教育呈现内容	呈现形式
Module 1 Books, Newspapers and Magazines	1.书籍报刊方面的相关词汇; 2.纸质书和电子书的优缺点; 3.学生能够拓展该主题的词汇短语; 4.学生能够更流畅地讨论书籍报刊方面的话题、阅读相关文章	1.引导学生培养多读书、读好书的良好习惯; 2.提升学生团结合作的精神	1.本章话题紧紧围绕书籍、报刊,从纸媒的历史、现状和前景展开讨论。当下,由于电子产品的爆发式发展,学生阅读的时间日趋减少,因此教师可充分利用该章节内容鼓励学生多读书; 2.设置小组辩论赛,围绕"纸质书 vs.电子书"主题,不仅为了锻炼学生口语、查找资料的能力,更为了提升学生团结协作的精神	1.体现培养"良好习惯"的名人名言; 2.体现"团结合作"的小组辩论赛	1.自由讨论; 2.小组 PK
Module 2 College Education	1.高校教育相关词汇表述; 2.高等教育的重要性和多样化; 3.学生能够掌握高校教育相关词汇表达; 4.学生能够珍惜高等教育的学习机会,理解其意义并正视各国高等教育的差异性	1.引导学生树立终身学习的理念; 2.提升学生"本文化自信、他文化尊重"的跨文化交际意识	1.结合时政,谈论学校教育尤其是大学教育对人的积极影响,并拓展到终身学习的概念,让学生认识到终身学习的重要性; 2.坚定文化自信是高等教育的重要任务,在讨论世界名校、比较各国高等教育差异时,积极引导学生坚定文化自信、尊重他国文化	1.体现终身学习理念的时政新闻; 2.体现"本文化自信、他文化尊重"的话题延伸和讨论	1.利用图片、视频展示相关时政; 2.自由讨论

章节（模块）	知识目标和能力目标	思政目标	思政目标在本章节中的具体体现点和结合点	思政教育呈现内容	呈现形式
Module 3 Shopping and Consumption	1.购物、消费领域的高频词汇和表达；2.不同的购物平台、支付方式；3.学生能够掌握该话题相关的词汇表述并灵活应用于现实场景；4.学生能够了解并熟练用英语讨论购物平台及系列话题；5.学生能够树立正确的消费观	1.引导学生形成正确的消费观，养成理性消费的良好习惯；2.全球化时代，在中西方消费文化不断碰撞与融合背景下，提升学生的本国文化自信、他国文化尊重的跨文化交际意识	1.结合阅读文本主题"Shopping a Sale"组织小型辩论赛和自由讨论，积极引导学生在购买商品，尤其是促销商品时不要停止理性思考，逐步养成合理消费的良好习惯、积极务实的态度；2.紧扣单元主题，延伸介绍消费文化内涵与全球化背景下消费文化整体现状，分析中西方消费文化碰撞和融合的多个层面，引导学生理性看待西方消费文化，认同本土消费文化	1.体现"良好习惯"的文章深度学习；2.体现"中西方消费文化互相尊重、理性看待"的案例分析	1.小型辩论赛；2.自由讨论
Module 4 Sports and Activities	1.体育运动及奥运会相关词汇表达；2.体育运动的种类和体育精神；3.学生能够掌握和奥运相关的词汇表述；4.学生能够用英文描述多种体育赛事并领悟真正的奥运精神	1.领悟大国责任的内涵；2.培养刻苦勤奋和团结合作的精神	1.结合时政，中国主动为奥运会提供疫苗，关键时刻再现大国担当，体现真正的奥林匹克团结精神；2.结合时政，中国选手在2020年东京奥运会中创造出无数奇迹，离不开健儿们团结合作的精神、刻苦勤奋的训练	体现"大国责任""刻苦勤奋"和"团结合作"的时政新闻	1.利用图片、视频展示相关时政；2.自由讨论

续表

章节（模块）	知识目标和能力目标	思政目标	思政目标在本章节中具体体现点和结合点	思政教育呈现内容	呈现形式
Module 5 Transporta-tion and Travelling	1.旅行及交通工具相关的常见词汇表述；2.著名景点介绍；3.交通工具种类介绍，重点介绍共享单车；4.学生能够掌握旅行及交通工具相关词汇表述并应用于实际场景中；5.学生能够用英语熟练描述一些著名景点及常见交通工具，如共享单车	1.坚定制度自信；2.培养遵守交通规则、爱护共享单车的良好习惯	1.结合阅读文本"Bike-Sharing in China"延伸至我国各大城市为完善共享单车运营而不断努力推出的制度、措施，比如上海市政府酝酿针对共享单车标准的新政；2.结合社会热点和现象，如共享单车乱停乱放甚至上锁占为己有等不良风气，引导学生养成良好习惯，爱护公共交通设施，遵守交通规则	1.体现"制度自信"的时政新闻；2.就生活中常见的共享单车乱停乱放、上锁占为己有等现象，和学生共同探讨	1.利用图片、视频展示相关时政；2.自由讨论
Module 6 Biography	1.撰写人物传记时常用的词汇和表述；2.一些著名人物及其事迹，如爱因斯坦；3.学生能够掌握人物传记相关词汇表述；4.学生能够表述、讨论、撰写一些简要的名人传记	1.提升学生学习习惯、刻苦勤奋的学习态度；2.提升学生对本土文化的了解和认同，讲好中国故事	1.结合本章重点介绍的物理学家爱因斯坦及其成就，进行延伸讨论。爱因斯坦的成就离不开他刻苦勤奋、善于观察、善于思考的良好习惯，童年时的他说话迟，被人认为笨，但他孜孜以求的勤勉终于使他成为著名物理学家；2.中国历史长河中有许多名人事迹，引导学生多加了解，讲好他们的故事、传播中国的文化	体现"良好习惯、刻苦勤奋"的名人事迹	1.利用图片、视频展示爱因斯坦个人事迹；2.自由讨论

续表

章节（模块）	知识目标和能力目标	思政目标	思政目标在本章节中具体体现点和结合点	思政教育呈现内容	呈现形式
Module 7 Family	1.描述家庭关系、家庭成员等的词汇和表述；2.家庭主义和家国情怀的含义；3.学生能够掌握家庭相关的词汇表述；4.学生能够理解家庭主义、家国情怀的内涵和意义	1.提升学生对家庭责任、家国情怀的认识；2.提升学生的爱国主义认识	1.结合本章重点介绍子女对父母的体谅和敬爱，并教育学生及时表达自己的爱意，维系安定温馨的家庭关系；2.中国人自古不但重视家庭观念，而且有"修身齐家治国平天下"的理想和情怀。这种根植于民族血液中的家国情怀是实现中华民族伟大复兴的原动力	体现"家国情怀"的名人轶事	1.结合疫情防控，讨论老百姓身上的家国情怀；2.观看伟人的相关视频
Module 8 Environment	1.描述环境污染、全球变暖等的词汇和表达；2.环境对人类发展和经济发展的影响；3.学生能够掌握有关环境保护的词汇表达；4.学生能够理解人与环境和谐共处的重要意义	1.提升学生的环保意识；2.通过中国双碳目标设定，让学生理解中国社会主义制度的优越性	1.结合本章重点介绍环境保护的重大意义，教育学生坚定环境保护的意识，从身边小事做起；2.中国双碳目标的提出充分体现了中国构建人类命运共同体的理念，以及社会主义制度的优越性	中国双碳的相关新闻	1.搜集新闻文本，开展小组汇报；2.观看领导人讲话视频

（二）考核方式

课程选用与等级考试联系紧密的《新进阶高职英语》（第二册、第三册）和四级真题训练试题，考核方式结合过程性考核和结果性考核。

（三）成绩评定

学生能够理解课程思政要素内容，用心体会，用脑领会，了然于胸，内化于心。在学习的各个阶段、在第一、二、三课堂中均能把思政要素要求的标准付诸行动。

教师能够根据教学大纲，从知识、技能、学习态度与价值观三个方面设定教学目标。教学信息量充足，符合学生认知规律。应用思想政治理论教育的学科思维处理教材，组织教学内容。能够根据课程特点、教学内容和学生认知规律选择合适的教学策略和方法，遵循因"生"制宜的原则以润物细无声的方式融入思政元素；各知识点的教学过程与所选择的策略方法配套，教学过程结构自然流畅，组织合理。

（四）课程思政评分标准

通过学习"综合英语"课程，学生应展现出对思政内容的深刻理解与积极态度，能将所学思政理论融入日常学习与生活中，体现正确的世界观、人生观、价值观。本课程的课程思政评分标准综合考量学习思政意识、学习态度、实践表现及价值观塑造，具体评分标准如表 4-2 所示。

表 4-2 "综合英语"课程思政评分标准

评价指标	评价方式	评价比重
学习态度、纪律意识	日常考勤	30％
家国情怀、文化自信	理论考核	30％
积极务实、团结协作	项目考核	40％
诚实守信	综合考核	一票否决

三、课程思政示例

以下以第七单元"Family"为案例进行教学分析。

【课程思政要点】

- 通过课文的故事主线，强化学生对父母的理解和爱。
- 从家庭延伸到家庭主义，并进一步拓展到家国情怀。

【教学重难点】

本单元的主课文描写了母子之间的故事。首选，对于题目的正确理解是教学的第一个难点。题目是"Being a Mother"，三个单词十分简单，其内涵却十分丰富。不是"母亲"，也不是"母爱"，而是"做一个母亲"。如果说"母亲"和"母爱"是静态的、即成的，那么课文的题目则强调了动态性、持续性。动态性指的是母亲和母亲的爱及母亲爱意的表达都是落实在日常生活中的每一个动作、每一次行为和每一种感受中的。"Being"这个现在分词本身就带有持续性，与母爱的与生俱来、挥之不去、恒定永生在话语表达上获得了共性。学生对于题目的理解往往流于表面，比较难以深入阐释。其次，对于文中母亲的心理理解亦会有困难。虽然基于核心词汇表达的讲解，让学生比较准确地理解课文主旨意思并不难，但是让学生英语解释母亲和儿子的心理活动的确有难度。最后，引导学生理解母亲、孝敬父母是本单元的思政教育重点，另外，把这种浅层的情感上升为家国情怀这样的高层次情感，并且让学生感性地接受、理性地认可更是本单元的思政教学难点。

【教学内容、过程与方法】

课前布置学生准备话题"What does family mean to me?"要求学生制作PPT，并将文稿上传课程平台的"讨论"板块，小组成员互相批改并提出建议。学生修改完善后，将作业上传至课程平台的第七单元"作业"板块，由教师批改，并提出修改意见。

课堂第一讲，由学生上台展示，通过同学互评和老师点评，让学生明白家庭在每个人的一生中都发挥着至关重要的作用，每个人在享受家庭带来的温暖的同时，也必须承担相应的家庭责任。老师从这里切入，将自古以来中国人将家庭责任置于个人发展和个人利益之上的观念（即家庭主义）呈现出来。在东方国家，家庭主义要求子女孝敬长辈，子女有光宗耀祖的义务，父母有抚养教导子女的责任和管教子女的权利,所谓"子不教父之过"。子女和父母的义务与权利在家庭这个系统内形成闭环,支持着整个家族的长远发展,从而维护着整个社会的稳定和发展。在老师的引导下,学生能够一层一层认识家庭主义的含义。

课堂第二讲,从宽泛的话题讨论过渡到主课文的讲解和分析,这一讲主要偏重语言和技能的讲解与练习。首先,学习本课的主要词汇表达,包括发音、意思和用法,多采用举例说明和朗读示范来进行。对重点难点词汇,比如 nostalgic、respond、demand、drive over 等将着重进行讲解和练习。其次,练习听力和快速阅读。掌握了相关词汇表达后,老师要求学生听课文录音,然后完成课后的 Task 1。分段进行,边听边练边讲,允许基础薄弱的学生出错,后续的详细讲解将进行弥补。听练结束后,老师要求学生 10 分钟内快速阅读课文,完成 Task 2。这个过程,一定程度上也对听力练习做出了解答。快速阅读和听力理解都是大学英语等级考试的考查重点,所以运用课本的语料,灵活开展这方面的练习,对于学生的考级考证也有较大的帮助。最后,基于前两个练习,老师带领学生一起详细阅读课文,分析课文的语言表达特点,理解作者的写作意图。老师提出以下问题,供学生思考、回答:

- What do you think of the daughter-in-law?

- Why was the mother so surprised to learn the news that her son invited her to a dinner?

- Did the mother take the invitation seriously? And why?

- Do you think the son can really "return the favor" to her mother?

以上问题的回答,能够较好地引导学生从课文本身引申开去,切实地体会母爱的深沉和子女应有的孝敬之心。

课堂第三讲把本课的母爱主题与第一讲的"家庭主义"结合,并进一步升华,让学生知道作为一名当代大学生,仅仅抱有对母亲、对小家的爱是远远不够的,必须有更大的爱,那就是"家国情怀"(the unity of familism and patriotism)。家国情怀这一思政元素的融入需要很好的设计,否则就显得生硬。课文中的母亲寡居 19 年，儿子忙于自己的工作和家庭，疏于照顾，可见这个母亲基本属于空巢老人的状态。从这个点切入，老师可以加入 2020 年第七次全国人口普查的结果，比如低生育率、一人家庭（空巢老人家庭）、丁克家庭等现象，并分析造成这些现象背后的社会原因。这里可以结合阅读相关的人口普查英语报告，一边学习英语，一边了解需要的知识。造成目前中国人口低生育率的原因大致有医疗服务体系不够完善、教育资源稀缺、性别不平等、房价过高等，这些同时也是困扰国家高质量发展和实现共同富裕的社会问题。但是，我们每一个人都应该有信心，在中国共产党的领导下，通过全国人民的共同努力和奋斗，这些问题都会一个个迎刃而解，因为我们每个人身上都有着很强的家国情怀，自觉地将家庭主义和爱国主义进行有机的统一，都愿意为国家、为民族、为社会奉献自己的智慧和力量。家国情怀，华夏儿女自古有之，《大学》中的"修身、齐家、治国、平天下"把个人、家庭、国家和全天下连为一体；"天下兴亡，匹夫有责"把国家的盛衰兴亡与个人的荣辱得失紧密相接；屈原的"哀民生之多艰"、陆游的"位卑未敢忘忧国"、范仲淹的"先天下之忧而忧"无不时刻警醒着后世，家与国从未分开，也无法分开。古人尚且如此，新时代的我辈更应该秉持家国情怀，在努力实现自我目标的同时，为中华民族的伟大复兴贡献力量。家国情怀至今依然是我们伟大民族精神的重要元素，今天的家国情怀，不仅传承了中国人自古以来自强不息的精神和责任意识，还蕴含了对中国道路、理论、制度、文化的空前自信，对中华民族伟大复兴使命的自觉担当，对建设中国特色社会主义现代化强国的有力作为。百年未有之大变局和国家民族发展的宏伟目标都在要求我们，必须清醒把握人类历史发展方向和世界发展大势，认清中国的历史定位和在世界上的作用，砥砺家国情怀，激发使命担当，奋力实现国家富强、民族振兴、人民幸福。

【教学成效与反思】

课程思政的开展是师生交往、积极互动、产生共鸣的过程，本单元的有效教学设计，充分体现出学生学习方式的主动性、独立性、体验性和探究性。

采用音视频、课程平台、讨论等教学手段，帮助学生更好地体验母爱的伟大、认识家国情怀并深入思考，从感性认识上升到理性认识，从偶然的收获走向必然的习得。第一讲中的话题讨论"What does family mean to me?"第二讲中的五个问题的思考及第三讲中的从母亲到家庭到家国情怀的层层递进，让学生在学习了词汇表达、练习了听力理解和快速阅读能力的同时，将2020年第七次全国人口普查这样的重大时政事件融入其中，并进一步生发出家国情怀、民族自信等思政元素，力图使学生在老师指导下主动地、富有个性地学习，使思政教育褪去了说教的外衣，成为润物细无声的"春雨"，一点一滴渗进学生的心田。

第三节　考证辅导课程思政教学设计典型课例

高职高专阶段英语的考证辅导分为通用英语等级证书辅导和专门用途英语等级证书辅导，前者主要有大学英语等级考试(CET，俗称四六级考试)、公共英语等级考试(PETS)等，后者主要有全国国际商务英语考试、剑桥商务英语考试(BEC)等。以下以大学英语等级考试(四级)辅导为例，说明高职通用英语考证辅导课程思政的教学设计。

一、课程思政定位

(一)课程内容概述

英语等级考试的目的是推动大学英语教学大纲的贯彻执行，对大学生的英语能力进行客观、准确的测量，为提高我国大学英语课程的教学质量服务。本课程的目的在于通过对学生进行听力、阅读、写作和翻译的分项集训和综合讲解，帮助学生灵活运用英语语言，在全国大学英语等级考试的笔试中取得高于 425 分的成绩。具体而言,听力的训练包括新闻听力、长对话和篇章听力;阅读训练包括选词填空、快速阅读和详细阅读;写作训练关于一般性话题的 120 词左右的议论文、叙述文、应用文或者说明文;翻译训练是110 字左右的中译英段落翻译。

(二)本课程在专业人才培养方案中的地位和作用

本课程是高职高专各个专业学生都应该学习的一门辅导课程,目的是帮助各个专业的学生提高英语能力,为学生具备跨文化沟通能力打下语言基础。大学英语等级考试从命题、审题到组织、阅卷、统计都是科学进行的,效度研究的大量数据及实验证明,大学英语等级考试不但信度高,而且效度很高,能够保证大规模标准化进行,能够按照考试大纲较为准确地反映我国大学生的英语能力水平。由于大学英语等级考试广泛采用现代教育统计方法,分数进行了等值处理,所以能够比较客观地反映描述我国大学生的英语能力水平,推动大学英语教学大纲的贯彻实施,促进大学英语教学水平的提高。大学英语等级考试采用正态分制,每次考试成绩的总分和各分项得分都可以成为教育主管部门和教学部门进行决策和改革的重要依据。正因为如此,本项考试受到社会的认可,很多企事业单位的人事部门都将大学英语等级考试的成绩作为录用毕业生的重要参考。

(三)在人才培养中对育人环节的支撑作用

1. 课程学习过程有利于学生学习能力和意识的提高

大学英语等级考试分为四级和六级,多数高职学生进入大学第一年后将参加四级考试,大二下学期或者大三上学期参加六级考试。经过高考后的一个暑假的休息和娱乐,在进入大学后的第一个学期,由于大学的学习内容难度和强度降低,学生非常容易产生倦怠心理。大一开设的大学英语四级考试辅导课程可以以最直接、最明确的方式给大一新生再次树立一个清晰的目标——一年后通过四级考试，并且围绕这个目标，开展一系列强度较高的训练，让学生的自主学习能力、自律能力和目标导向意识都得到强化和提升。

2.课程学习内容有利于学生对本国文化的认可和对他国文化的尊重

大学英语四级考试试题中有大量优质语料，既有音频语料也有文本语料；既有关于时政的内容，也有经典的多种学科知识；既有关于本国的优秀传统文化，也有关于欧美等国家和地区的多元文化。课程在讲解和训练听力、阅读、翻译和写作知识和技能的同时，通过音频、视频、文本多种形式，开展讨论、发言、辩论等活动，让学生不但进行了语言知识和技能的学习训练，而且了解到更多关于本国的文化和他国的文化，获得对本国文化的自信和对多元的他国文化的尊重。

3.教师的教育素养有利于学生优良素质的养成

苏霍姆林斯基认为，教育素养的一个标志就是教师在讲课时能直接诉诸学生的理智与心灵。要做到这一点，教师必须挚爱自己的职业，必须拥有过硬的专业品质，在教学中，教师要用自己的人格魅力感染学生，要对学生言传身教，让自己成为学生学习的榜样。大学英语四级考试辅导课程中，每考完一次模拟考试，除了课上精讲以外，课下教师还会认真地把每个学生的每项（听、读、写、译）得分统计到成绩记录单上，然后进行纵向、横向上的比较，诊断他们这一阶段复习中存在的问题，并约他们个别谈话，鼓励他们、督促他们。结果发现，同学们对考级的兴趣大增，各项学习任务完成得更加积极认真了。由此可见，教师对教育工作充满热心、信心、恒心，具有高尚的师德修养，最容易获得学生的认可，会直接影响学生的学习态度和责任感。教师的敬业精神、竞争精神及交际能力、抗挫折能力等，都会以有声或无声的方式影响着学生。"身教重于言传"，教师本人的严谨教学态度和关爱学生成长的行为都在"润物细无声"地教化着学生、影响着学生。如果老师能够经常急学生之所急，有强烈的工作责任心，不仅能赢得学生的爱戴和尊敬，而且将成为学生做人的标准和榜样，有利于提升学生的优良素质。

（四）课程思政教学的要点分解

首先,强化务实和自律品质。课程的设计要科学,从一开始就把明确的课程大纲、课程标准、课程日历、课程平台等材料和资源发放给学生,任课教师和课程负责人都要致力于具体而实际的工作,不做华而不实的事情;同时也要求每一个学生树立这种务实的态度,引导他们制订详尽的学习目标和计划。自律是计划顺利执行的保障。课程设计的活动载体,能够帮助学生一步一步形成自我管束的能力。比如,开展新生英语每周抽测的活动,教师制定方案,每周日晚进行英语抽测,包括作文范文背诵、单词背诵、听力测试等多种形式。

其次,树立清醒正确的文化观。学生会在教学中接触到大量的西方文化,比如风俗、文学、教育等,教师要保持客观公正的态度,不戴有色眼镜看他国,本着"我与你不同,但我尊重你的不同"的观点,与学生分享西方文化中先进、积极、美好的方面,让学生充分体会世界文化的多元和美妙。教师也可以引导学生对中西方文化的某个方面进行对比分析,帮助学生理解什么是客观的文化观。

最后,强化责任意识。本课程的教学过程需要教师有很强的责任感,并且将这份责任感通过辅导的全过程很显性地呈现在学生面前。所以本课程的一个重要课程思政要点就是让学生感知教师身上的责任意识,从而学习这种责任意识,慢慢学习做一个对自己、对家庭、对社会负责的人。

二、课程思政设计

（一）教学内容

根据考证辅导课程在专业人才培养方案中的地位和作用和对育人环节的支撑作用,本课程从信念维度、文化维度、素养维度设计课程思政目标、呈现内容和呈现形式,整体教学内容框架如表 4-3 所示。

表 4-3 "综合英语"课程思政教学内容

章节(模块)	知识目标和能力目标	思政目标	思政目标在本章节中的具体体现点和结合点	思政教育呈现内容	呈现形式
第一单元 四级新闻听力	1.四级新闻常用词汇; 2.四级新闻常用句型; 3.四级新闻结构特点; 4.掌握新闻听力的导语、选项和推理技巧	形成自律、责任和正确的文化观	1.每日听力练习打卡。建立钉钉群,每天发布听力作业,要求所有学生每日打卡; 2.开展听力集训。总共 20 套新闻听力真题,要求学生必须在一个月内完成; 3.新闻中有关西方文化的内容	每日打卡活动;四级听力真题的练习;西方文化介绍	钉钉群内的每日打卡;四级听力真题活页册;每周英语抽测活动
第二单元 四级对话听力	1.四级对话听力的话轮特点; 2.四级对话听力的常见出题点; 3.四级对话听力的常见话题; 4.掌握对话听力的笔记、选项和推理技巧	形成自律、责任和正确的文化观	1.每日听力练习打卡。建立钉钉群,每天发布听力作业,要求所有学生每日打卡; 2.开展听力集训。总共 20 套对话听力真题,要求学生必须在一个月内完成; 3.对话中有关西方文化的内容	每日打卡活动;四级听力真题的练习;西方文化的介绍。	钉钉群内的每日打卡;四级听力真题活页册;每周英语抽测活动
第三单元 四级篇章听力	1.四级篇章听力的结构特点; 2.四级篇章听力的常见出题点; 3.四级篇章听力的常见话题; 4.掌握篇章听力的笔记、选项和推理技巧	形成自律、责任和正确的文化观	1.每日听力练习打卡。建立钉钉群,每天发布听力作业,要求所有学生每日打卡; 2.开展听力集训。总共 20 套篇章听力真题,要求学生必须在一个月内完成; 3.篇章中有关西方文化的内容	每日打卡活动;四级听力真题的练习;西方文化的介绍	钉钉群内的每日打卡;四级听力真题活页册;每周英语抽测活动

续表

章节（模块）	知识目标和能力目标	思政目标	思政目标在本章节中的具体体现点和结合点	思政教育呈现内容	呈现形式
第四单元四级选词填空	1.英语词性和句法基本知识； 2.介词与动词、形容词、名词的常见搭配； 3.四级核心词汇； 4.掌握选词填空做题技巧	形成自律、责任和正确的文化观	1.每日单词背诵打卡。使用扇贝单词、百词斩等App布置单词背诵作业； 2.开展阅读集训。要求学生在一个月内完成20套选词填空四级真题； 3.篇章中有关西方文化的内容	每日打卡活动；四级阅读真题的练习；西方文化的介绍	钉钉群内的每日打卡；四级听力真题活页册；每周英语抽测活动
第五单元四级快速阅读	1.英语略读技巧； 2.英语寻读技巧； 3.四级核心词汇； 4.掌握快速阅读做题技巧	形成自律、责任和正确的文化观	1.每日单词背诵打卡。使用扇贝单词、百词斩等App布置单词背诵作业； 2.开展阅读集训。要求学生在一个月内完成20套快速阅读四级真题； 3.篇章中有关西方文化的内容	每日打卡活动；四级阅读真题的练习；西方文化的介绍	钉钉群内的每日打卡；四级听力真题活页册；每周英语抽测活动
第六单元四级详细阅读	1.英语长难句分析技巧； 2.英语不同体裁文章特点； 3.四级核心词汇； 4.掌握详细阅读做题技巧	形成自律、责任和正确的文化观	1.每日单词背诵打卡。使用扇贝单词、百词斩等App布置单词背诵作业； 2.开展阅读集训。要求学生在一个月内完成20套详细阅读四级真题 3.篇章中有关西方文化的内容	每日打卡活动；四级阅读真题的练习；西方文化的介绍	钉钉群内的每日打卡；四级听力真题活页册；每周英语抽测活动

章节(模块)	知识目标和能力目标	思政目标	思政目标在本章节中的具体体现点和结合点	思政教育呈现内容	呈现形式
第七单元四级写作	1.四级写作基本要求和规范；2.四级写作遣词造句方法；3.四级写作连贯性的达成；4.掌握四级写作技巧和常用模板	形成自律、责任和正确的文化观	1.结合写作题目，引导学生在作文立意上要有正能量；2.每周写作范文背诵；3.每两周在课程平台提交作文一篇	每周笔头和口头作业检查；社会主义核心价值观的介绍	钉钉群内的每日打卡；四级听力真题活页册；每周英语抽测活动
第八单元四级翻译	1.汉译英翻译标准；2.常用翻译技巧；3.四级翻译的常见题材练习；4.掌握四级翻译技巧	形成自律、责任和正确的文化观	1.关于中国传统文化的文章的翻译；2.每周翻译范文背诵；3.每两周在课程平台提交翻译一篇	每周笔头和口头作业检查；中国传统文化的学习	钉钉群内的每日打卡；四级听力真题活页册；每周英语抽测活动

(二)考核方式

课程选用四级真题训练试题和自编的《英语四级听力活页》《英语四级阅读活页》作为主要教学材料，考核方式结合过程性考核和结果性考核。

(三)成绩评定

在学生的听力、阅读、写作和翻译能力得到提升的基础上，本课程还会重点考查学生的自律程度(是否按时提交作业、是否每天完成学习任务、是否每天坚持练习听力、背单词等)、责任心(是否在小组内部发挥重要作用、是否为自己的英语四级考试制订可执行性强的计划、是否积极准备每周的英语抽背等)、正确的文化观(对本国文化的了解、自信和对他国文化的知晓、尊重)。

通过对以上三个思政元素达成情况的考查和测定,对本课程的教学效果做出价值判断,为课堂讨论、每日打卡、每周抽测等教学活动反馈信息,从而完成诊断、调节和强化的过程,判断课程教学质量水平,发现问题并采取措施改进教学,激发学生学习英语技能和提高自身素质的积极性。本课程的思政达成度主要采用评语和评分相结合的形式。评语评定学生的学习态度、努力程度、自律程度等,指出其英语学习上的主要问题和努力方向。评分采用五级制计分法,通过问卷、作文、测验等手段开展。

(三)课程思政评分标准

本课程思政的评价融合学习态度、自律性与文化观等多维度考量,采用评语与五级评分制结合的评分标准。学生需展现积极的学习态度,如按时提交作业、坚持日常练习;体现高度自律,如每日完成学习任务、背单词不松懈;同时,需展现正确的文化观,包括对本土文化的自信与对他国文化的尊重。综合考量上述思政元素达成情况,以评语形式反馈学生表现亮点与改进方向,辅以五级评分精准量化,确保评价全面、公正,激励学生提升英语技能与综合素养。具体评分标准如表4-4所示。

表4-4　考证辅导课程思政评分标准

评价指标	评价方式	评价比重
学习态度、自律意识	日常考勤、App 记录	30%
责任意识、文化自信	问卷调查、测试成绩	30%
他文化尊重、团结协作	课堂提问、小组讨论	40%
诚实守信	综合考核	一票否决

三、课程思政示例

以讲解 2021 年 6 月四级考试的翻译题型为案例。

【课程思政要点】

· 通过讲解本次考试的翻译——龙井茶、普洱茶、铁观音,强化学生对于本国茶文化的热爱。

· 拓展关于西方休闲饮品的文化。

【教学重难点】

(1)原文中具体词语和词组的翻译。

(2)原文中多个单句在翻译时的英语句式选择和使用。

(3)与中国茶文化相关知识的补充与拓展。

(4)西方休闲饮料文化的补充与拓展。

经济的全球化发展最终勾画出教育尤其是高等教育的国际化发展路线图,中国作为经济增长迅速的发展中国家,既是吸纳留学生的东道主国家,同时也是留学生的输出国。无论是吸纳还是输出,英语一直是主要的研究和教学媒介。中国的大学生无论留学与否,都需要学会向国际友人用英语较为准确地介绍中国的政治、经济、文化和社会发展,以达到有效的跨文化交际的目的。英语四级的翻译题型及内容设计无不体现着这种高等教育国际化的需求。

【教学内容、过程与方法】

第一讲让学生观看《中国的茶文化》(中英双语字幕)短视频,让学生了解中国茶的起源、茶道、茶圣、茶具和茶的功效。"茶之为饮,发乎神农氏",这是关于茶的起源流传最久的说法。相传神农氏在煮水时,有几片茶叶无意中落进了水壶中,神农氏饮用后觉得气味芳香,神清气爽,于是就采集茶叶并晒干制成干茶,当作草药使用。秦汉时期,巴蜀地区的人率先开始饮茶,茶逐渐变成了流行于宫廷和名门望族的日常饮品。魏晋南北朝时期,文人雅士喜好饮茶,此时的茶也慢慢进入寻常百姓家。到了唐宋时期,茶叶的发展已经达到了巅峰时期。就在这时,出现了一个茶道造诣甚深的茶道宗师,他就是被后人称为"茶圣"的陆羽,他在《茶经》一书中详细地描述了茶叶的历史、源流、出处及饮茶技艺等,可以说陆羽是推广茶文化的第一人。因为《茶经》的出现,后来的茶文化发展走向了另一个高峰。也是在唐代,那些大诗人开始将茶与诗词歌赋联系起来,比如著名的诗人白居易,就是一个极其爱好喝茶的人。从唐宋开始,喝茶已经成为百姓日常的生活习惯,从此在中华大地上扎根并传播开来。专门用于喝茶的器具从粗陋简单到精美繁复,成为日用品和艺术品的结合,而且一代代文人墨客都把茶饮写进诗词歌赋,促成了独特的茶道。饮茶的益处良多,可以降低血脂、软化血管。茶叶还有抑制细胞突变与癌变的作用,饮用茶水可提神醒脑、清热解毒,具有明目、消滞、减肥之功效。

教师将视频发给学生,学生分组观看讨论,共同完成任务 1:至少记录 5个词语表达,比如:茶道 tea ceremony,茶具 tea set。每个小组完成后将结果发到课程平台的讨论区,由老师和学生共同评价和筛选出有代表性且准确的词语表达,为下一步做好词汇和表达的准备。

然后,通过 PPT,教师向学生介绍中国茶道文化中的核心精神:静、和、雅。首先是静。与饮酒的热闹喧嚣不同,饮茶的环境须是清幽宁静的,或是一人独饮,或邀一知己对饮,或古琴袅袅,或明月之下,古人在这种静谧中观察自然万物,洞明世间真谛。其次是和。除了静之外,茶道还充分体现着和的含义,因为只有茶叶和水达到一种和谐交融状态,茶才会有最好的味道和意蕴。而"和"这一概念,无论是在儒家、道家还是佛教中都是极为重要的。儒家文化认为和是一种不同事物对立统一的状态,是儒家中庸思想的核心组成。道家哲学强调天人合一,即人与自然界的高度统一,茶道恰恰是人、茶、水的完美统一融合。而对于佛教来说,和则代表着和睦、和善的人际关系,饮茶的平和状态十分适合佛教信仰者追求安静和谐生活的愿望,这让饮茶在佛门中也颇为流行。最后是雅。幽静雅致的环境和谐和睦的人际关系渐渐地生发出茶道的另一个独特品质——高雅。茶,不像酒那样浓郁刺激,在清淡芬芳中品读诗词,成为文人墨客喜爱之事,赞美茶之清高的千古名句不胜枚举，诸如柳宗元的"日午独觉无余声，山童隔竹敲茶臼"，苏轼的"活水还须活火烹，自临钓石取深清"。而白居易的"坐酌泠泠水，看煎瑟瑟尘。无由持一碗，寄与爱茶人"，更是千古流传。

总之，茶道文化中的静、和、雅，反映了中华传统文化的精髓。

第二讲以《铁观音》这篇译文作为例子，讲解四级翻译的基本步骤和技巧。第一步，通读全文，了解文章大意和题材。第二步，将原文分成句子，一般一个句号为一句，但要注意有的原文是两个句子，译成英语时可以处理成一个句子；有的原文比较长，句子结构复杂，译成英语时可以分成两个或多个句子。比如第一句："铁观音（Tieguanyin）是中国最受欢迎的茶之一，原产自福建省安溪县西坪镇，如今在安溪全县普遍种植，但该县不同地区生产的铁观音又各具风味。"原文是很长的一句话，在翻译时，可以自然处理成两个句子：Tieguanyin, one of the most favored teas in China, is native to Xiping Town, Anxi County, Fujian Province. Nowadays, the tea is grown throughout Anxi County with various flavors in different parts of the county.

而这句中的"但该县不同地区生产的铁观音又各具风味"，虽然中文是一个完整的句子，但翻译时又可以用一个介词短语来处理：with various flavors in different parts of the county。

第三步，分析每个划分出来的句子的主干，先将主干译出，然后再将定语、补语、状语等添加进去。比如第一句话的主干是"铁观音原产自西坪镇"，"中国最受欢迎的茶之一""福建省安溪县"是同位语和定语。所以在翻译时，可以先译出主干"Tieguanyin is native to Xiping Town"，然后再将同位语和定语加进去，变成"Tieguanyin, one of the most favored teas in China, is native to Xiping Town, Anxi County, Fujian Province"。第四步，将全文译完后进行检查，主要检查拼写、标点、大小写、时态等，不进行结构性修改。

四级翻译最重要的是准确表达，主要考查考生对于四级核心词汇和词组、句式句法、时态和语态的掌握情况。本题中的"原产自""种植""风味"

"采摘""加工""专门的""独特""有助于""血压""记忆力"等词语是主要的考查点。同位语、被动语态、非谓语动词、介词短语做状语等在翻译时也得到了灵活使用，保证了译文的流畅准确。以下是原文和参考译文。

【原文】

铁观音(Tieguanyin)是中国最受欢迎的茶之一，原产自福建省安溪县西坪镇，如今在安溪全县普遍种植，但该县不同地区生产的铁观音又各具风味。铁观音一年四季均可采摘，尤以春秋两季采摘的茶叶品质最佳。铁观音的加工非常复杂，需要专门的技术和丰富的经验。铁观音含有多种维生素，喝起来口感独特。常饮铁观音有助于预防心脏病、降低血压、增强记忆力。

【参考译文】

Tieguanyin, one of the most favored teas in China, is native to Xiping Town, Anxi County, Fujian Province. Nowadays, the tea is grown throughout Anxi County with various flavors in different parts of the county. Tieguanyin shall be collected through all seasons, tasting the best especially when gathered in spring and autumn. The complex processing of the tea calls for specialized skills and abundant experience. The drink, full of vitamins with distinct taste, serves for preventing the heart disease, lowering the blood pressure and boosting the memory if regularly consumed.

第三讲主要是结合另外两篇真题，练习第二讲中提到的翻译步骤和技巧。由于第一讲的背景知识介绍中，已经涵盖了茶的起源、茶的功效等内容，并且提高了英文表达，所以学生在练习翻译这两篇真题时的困难相对较小。教师可以设计生动的教学活动，比如分句分组限时 PK、"我来挑毛病"等，带领学生积极主动高效地参与到练习中去。以下是两篇真题的原文和参考译文。

【原文】

普洱(Pu'er)茶深受中国人喜爱，最好的普洱茶产自云南的西双版纳(Xishuangbanna)，那里的气候和环境为普洱茶树的生长提供了最佳条件。

普洱茶颜色较深,味道与其他的茶截然不同。普洱茶泡(brew)的时间越长越有味道。许多爱喝的人尤其喜欢其独特的香味和口感。普洱茶含有多种有益健康的元素,常饮普洱茶有助于保护心脏和血管,还有减肥、消除疲劳和促进消化的功效。

【参考译文】

Pu'er tea is much affected by the Chinese, the first rate of which is native to Xishuangbanna, Yunnan province, where climate and environment are optimum for the growth of Pu'er tea tree. With dark color and absolutely recognizable flavor, the longer period the tea is made, the more fragrance it will present and its aroma and taste are especially adored by its fans. The Pu'er tea contains numerous wholesome elements and it helps protect the cardiovascular condition, lose weight, relieve the tiredness and improve the digestion of those who enjoy drinking it.

【原文】

龙井(Longjing)是一种绿茶,主要产自中国东部沿海的浙江省。龙井茶独特的香味和口感为其赢得了"中国名茶"的称号,在中国深受大众的欢迎,在海外饮用的人也越来越多。龙井茶通常采用手工制作,其价格可能极其昂贵,也可能比较便宜,这取决于生长地、采摘时间和制作工艺。龙井茶富含维生素 C 和其他多种有益健康的元素。经常喝龙井茶有助于减轻疲劳,延缓衰老。

【参考答案】

Longjing, a green tea majorly produced in Zhejiang Province alongside the eastern coast of China, enjoys the title of "Famous Chinese Tea" for its incomparable flavor and taste. Not only popular in China but also more and more consumed overseas, Longjing tea is typically handmade, the price of which can be costly in an extreme way, or relatively inexpensive either, depending on the growing location, harvest timing and production techniques.

This kind of drink serves as a great source of vitamin C and many other wholesome elements. Hence drinking Longjing tea frequently contributes to fatigue relief and aging delaying.

(4)第四讲基于前面三讲的内容,向学生拓展关于西方休闲饮料文化的知识。课前布置小组作业,围绕"美国的咖啡文化""德国的啤酒文化""法国的红酒文化"这三个话题,分别准备发言稿和PPT。课上请小组代表进行汇报和讲演,由同学和老师对其进行提问和评价。在本课的最后,老师对本讲内容进行补充和总结。

【拓展内容】

美国的咖啡文化

与大多数食物一样,咖啡的起源与数百年民间传说有关。一个名叫Kaldi的牧羊人在埃塞俄比亚高原上发现了咖啡豆。到15世纪,咖啡开始在阿拉伯种植和交易,咖啡豆被烘烤和酿造。到欧洲旅行时,咖啡很快成为早间首选饮品,而不是啤酒和葡萄酒。二战后,速溶咖啡被引入市场并一直很受欢迎,直到1971年星巴克在西雅图开业,根据每位顾客的独特口味定制饮料。咖啡文化是围绕咖啡消费的一系列传统和社会行为,特别是作为一种社会润滑剂。在20世纪后期,浓缩咖啡成为一种日益占主导地位的饮料,为咖啡文化做出了贡献。围绕咖啡和咖啡馆的文化可以追溯到16世纪的土耳其。在17世纪末和18世纪,伦敦的咖啡馆成为艺术家、作家和社会名流的热门聚会场所,以及政治和商业活动的中心。19世纪,一种特殊的咖啡馆文化在维也纳发展起来,即维也纳咖啡馆,随后传播到整个中欧。现代咖啡馆的元素包括慢节奏的美食服务、另类的酿造技术和温馨的装饰。在美国,咖啡文化经常被用来描述大都市地区随处可见的浓缩咖啡摊位和咖啡店,以及星巴克等大规模国际特许经营店的普及。许多咖啡店为顾客提供免费无线网络,鼓励顾客在这些地点开展业务或个人工作。咖啡文化因国家和城市而异。

啤酒不是德国人的发明。早在 13000 年前，中东人就发现，将烤过的谷物浸泡在水中，可以制成一种味道鲜美、营养丰富、略带酒精的饮料。最终，略带酒精的"液体面包"成为全球几乎所有文化中的主打饮料。自第一个千禧年（即公元 1000 年）前后，德国修道院一直在生产供大众消费的啤酒。生产啤酒的修道院主要位于德国南部，其中一些至今仍然存在。啤酒在德国越来越受欢迎，尤其是在《啤酒纯度法》颁布之后。19 世纪见证了德语国家的啤酒革命，从比尔森啤酒的创立到 Bock 和 Export 啤酒的推出。德国移民酿酒商在美国、中国、日本、墨西哥和非洲建立了啤酒帝国。直到 20 世纪 80 年代，德国仍拥有世界上数量最多的啤酒厂。然而，从 90 年代开始，德国的啤酒消费量开始缓慢而稳定地下降。历史悠久的啤酒厂与其他啤酒厂合并，出现了新的啤酒生产商。今天，德国的啤酒总消费量有所下降，但德国人对啤酒的热爱仍在继续。自农业革命开始以来，啤酒一直是全球产品，但德国为不同类型的啤酒制定了全球标准。啤酒是德国文化的重要组成部分，以至于在德国的一些劳动合同中，甚至将喝啤酒的权利写入合同中，工厂食堂的午餐啤酒被认为是理所当然的。传统的啤酒花园仍然很受欢迎，尤其是在德国南部和奥地利。

法国的红酒文化

当我们想到红酒时，首先想到的国家一定是法国！法国是一个大多数人将红酒等同于传统的国家。自古以来，它已经演变为生活、文化和饮食的一部分，塑造了这个国家的性格。作为美好生活经久不衰的文化象征，葡萄酒的作用随着时间的推移而演变，从重要的营养来源转变为食物的文化补充。虽然红酒可能不是起源于该国，但红葡萄酒是由法国酿酒师通过发酵葡萄并将其变成一件艺术品而制成的。葡萄酒是法国文化不可分割的一部分，买一瓶红酒是一种仪式，品尝红酒是一门艺术。饮酒是描述和评估当今法国文化的隐喻。葡萄酒也被一些人描述为一种国家产品，或者一种"图腾饮料"。有趣的是，葡萄酒对法国人的特征与出生在法国、说法语或为自由而战的方式大致相同。每一种葡萄酒都有其独特的特性可供探索,例如其葡萄品种、土壤、种植、产量和酿酒工艺。由于葡萄酒文化建立在知识和仪式的基础上,法国当地人经常会了解上一代的本国葡萄酒,他们乐于将这种民族饮酒艺术介绍给新一代。人们认为,法国葡萄酒的起源很古老,最早使用发酵工艺生产红葡萄酒可能发生在公元前6000年左右,主要在欧亚高加索地区的格鲁吉亚和伊朗。几个世纪过去了,酿酒艺术已经传播到西班牙、德国和英国的部分地区。目前,法国葡萄酒有5000多个品种。黑比诺、佳美、西拉、歌海娜和梅洛是最好的红葡萄酒。今天,法国有八个主要的葡萄酒产区。

总之,无论是茶、咖啡还是啤酒、葡萄酒,不同国家和民族的文化在这些饮料中浸泡、发酵、挥发和传承着。每种饮料都具备独特的历史、味道和功能,从上一代人的血脉流淌到下一代人的血脉中。我们要在热爱自己民族的文化的同时,了解其他民族的文化,本着"文化没有优劣"的观念,尊重他国的文化。

【教学成效与反思】

高职的英语教学不开设专门的翻译课,教师也并非全是翻译专业毕业的,更没有专门的翻译教材,翻译技能的教和学主要依托精读课。同时,翻译技能与阅读技能有着密切的关联。根据克拉申的语言输入假设理论,只有有了大量可理解的语言输入,才会有有效的语言输出。翻译属于语言输出,而阅读则是语言输入。可见,翻译和阅读是紧密关联的两个技能,基于现实需要,在阅读教学中有机融合翻译教学是切实可行的。四级翻译题型教学对整体英语教学的正面反拨效应很大,主要体现在以下几个方面。

第一,篇章翻译训练受到前所未有的重视。根据反拨效应,语言测试的变动注定会对教师、学生、教学管理者这些测试的直接参与者造成影响。四级考试中翻译测试题型使篇章翻译训练被提到一个从未有过的高度。从我们所做的面向五所职业学院的问卷调查看,89％的教学管理者要求教师积极研究教学策略,提高学生翻译水平;92％的教师认为自己会认真研究翻译训练的方法,查找合适的语料;95.4％的学生练习翻译的积极性得到了很大改观。

第二,阅读教学中更加注重中西文化的对比。从多套真题来看,四级考试的篇章翻译内容多取材于介绍中国历史、风俗、地理等的汉语文章。这类文章的翻译,如果不经过相当数量的阅读输入,单凭背诵几篇翻译范文并不能帮助学生体会并掌握这些用词、句型方面的规律。只有引导学生课后加大相关内容的阅读输入,提高阅读能力,内化英文表达特点,翻译水平才能水涨船高。

除了要加强课外的泛读外,课内的精读教学也要不失时机地引导学生进行中西文化的对比,提高跨文化交际意识。首先,要加强文化导入,唤醒文化差异意识。例如,《新视野大学英语读写教程》第二册第 2 单元的 A 课文中描述了教练的结婚周年纪念日,这时老师可以提前让学生课前查阅有关西方婚礼和东方婚礼的资料,布置诸如"东西方婚礼的不同"这样的话题让学生发言讨论。第 3 单元的 A 课文主要是讲跨国婚姻的,老师可以引导学生讨论"自己是否可以接受跨国婚姻""中西方在教育子女方面的不同"等话题。其次,要提高学生对于英语思维和英语词汇内涵的了解。例如,学到课文中的普遍的衔接词 therefore,however,in addition 等时,要提醒学生,英语是注重形合的语言,因此表达前后逻辑的词或短语非常多。而汉语是重意合的,没有衔接词依然可以表达出因果、转折等逻辑意义。这种差异导致很多学生在中英翻译时意识不到要使用衔接词,致使译文缺少英语语言的神韵。

第三,阅读教学与翻译教学的融通。首先,在英语阅读教学中讲解核心词汇时要把词的常用意思和特殊搭配讲清楚,结合翻译句子让学生练习词的用法。例如,讲解 origin 时,拓展该词的动词 originate 和 originate from 的说法,并举例:剪纸艺术起源于中国,再让学生结合 originate 的用法进行翻译。其次,巧妙利用课文,把某个重点段落的汉语译文让学生试着翻成英语,然后再对照课文进行讲解,学生会体会到自己的译文在选词、句型、修辞等方面与原文的差距。最后,在导入课文讲述文章的背景知识时,引导学生思考中国文化与西方文化的异同。进行类比时,教师要事先提供必要词汇或句型,这样学生在领略中西方文化异同的同时又学习了地道的语言表达形式。总之,阅读教学中可以渗透英汉语言和文化的对比和类比,使学生学习到词汇、语法、修辞等知识,慢慢提高翻译技能。

第四节　特殊用途英语课程思政教学设计典型课例

高职英语教育中通用英语课程占有很大比重,但是越来越多的院校认识到,通用英语只能为学生提供较为普遍的日常英语知识,对于高职教育中的职业和专业的教育并不能起到有针对性的支撑和赋能作用。因此很多专业结合核心课程的内容,开始开设特殊用途英语课程,例如金融专业的学生学习"银行柜面英语"、国际会展专业的学生会学习"会展英语"等。接下来,我们将以"跨境电商客服英语"这门课程为例,说明在特殊用途英语课程中如何进行有效的课程思政设计和教学。

在"一带一路"倡议下,我国与共建"一带一路"国家积极开展贸易合作,逐步形成经济共同体,为我国的跨境电商提供了广阔的发展平台。数字经济时代的跨境电商新业态强势崛起,已然成为我国传统外贸企业竞争能力扩展和运营模式转换的重要途径。跨境电商行业对人才的综合性需求较强,人才缺口较大。其中,跨境电商客服岗位的从业人员必须具备扎实的英语语言基础和较强的跨文化沟通能力,同时通晓跨境电商售前、售中、售后环节的相关技能和知识,成为对外连接客户,对内协调运营、物流的枢纽。跨境电商客服英语课程帮助学生提高英语语言能力和跨文化沟通能力,为高效率培养跨境电商优质客服人员服务。

一、课程思政定位

(一)课程内容概述

"跨境电商客服英语"是高职商务英语专业的一门专业核心课程。该课程使用《跨境电商客服》双语教材,基于内容的语言教学使学生既能掌握跨境电商客服技能,又能习得跨境电商客服所需语言技能。本课程主要培养具有较强职业能力、专业知识和良好职业素质的跨境电商客服专员。通过本课程的学习,学生能够面向 B2B(bussiness to business,企业对企业)客户和 B2C(business to consumer,企业对消费者)客户,解决售前、售中、售后的各种问题,并提供优质服务。本课程以跨境电商客服专员岗位职业标准为依据、以就业为导向、应用为目标、实践为主线、能力为中心,加强校企合作,建立融"教、学、考、做"为一体的在线开放课程建设模式。本课程的设计体现了系统性、开放性、职业性和实践性等特点。系统性体现在对课程的教学内容、活动载体、教学团队、教学场所、教学方法、考核体系等各环节进行了系统的设计;开放性体现在本课程的双元课程建设主体,由校内专任教师和跨境电商客服业务专家共同进行课程建设;职业性体现在课程培养定位于跨境电商客服专员岗位职业标准;实践性体现在课程内容以跨境电商客服专员工作过程为主线和职业能力为本位。

(二)本课程在专业人才培养方案中的地位和作用

本课程通过跨境电商客服的仿真操作和全真操作,使跨境电商专业的学生熟练掌握使用英语进行国外客户开发和维护能力、询盘处理能力和服务营销能力、订单处理能力和售后问题解决能力。同时,培养学生的国际化视野、跨文化交际意识及团结协作的职业品质、爱岗敬业的劳动态度和精益求精的工匠精神,为今后从事跨境电商客服岗位工作和其他相关岗位工作奠定扎实基础。

（三）在人才培养中对育人环节的支撑作用

本课程是一门特殊用途英语，以提高学生客服英语水平为目标，主要针对跨境电商售前、售中和售后服务中问题处理和应对能力的提高，具有较强的实用性。跨境电商客服人员在整个跨境交易中发挥着枢纽作用，前端开发客户，中端跟进物流，后端维护服务，每一个环节都需要客服人员细致、耐心、负责地服务，这些品质同时也是其他职业和岗位需要的。本课程的学习不仅仅可以教会学生跨境电商客服必须具备的英语表达、跨文化沟通和服务营销等能力，还可以从每个章节、每个案例、每个实训中培养学生的职业素养。

（四）课程思政教学的要点分解

本课程的学习，除了要训练跨境电商客服岗位所需的知识和能力外，还要将思政元素有机融入。通过遴选，确定以下四个客服人员核心素养为本课程的思政元素：共情力、坚忍力、合作力和辨析力。

在经济合作与发展组织（OECD）的"教育 2030：未来的教育与技能"项目中，共情力作为"学习框架 2030"中的 36 种核心能力之一受到了格外的重视。共情力指在情感上理解他人感受的能力，从他人的角度看待事物，并想象自己处于他人的位置时的感受。从本质上讲，它是将自己置于别人的位置并感受别人所感受的东西。共情力被认为是人际交往和沟通能力的一个基本维度。共情力增强了一个人对他人的理解，以及对他人做出预测的能力。理解和预测使移情成为说服、获得顺从、关系发展和咨询的可能工具。"理解他人"是社会与情感能力中最重要的侧面之一，是什么使我们能够"理解他人"？答案是：共情能力。在跨境电商客户服务的背景下，共情力意味着把自己放在客户的角度，向客户展示真正关心他们的最佳方式。对某些人来说，共情力是他们性格中很自然的一部分；而对于另一些人而言，共情力并不是他们所擅长的。幸运的是，共情力是一种可以被教授和培养的品质。

坚忍力是对长期和有意义目标的热情和毅力。这种激情不是激烈的情绪或迷恋,而是关于方向和承诺,致力于一项可能困难或无聊的任务,持之以恒意味着坚持下去,在经历困难或失败后仍继续努力工作。习近平总书记在2021年中青年干部培训班开班式上也提出,要信念坚定,号召我们在工作上顶住压力,克服困难,勇敢前进。坚忍力也是客服专员的核心职业能力之一。[①] 在B2B跨境电子商务中,客服人员要通过撰写开发信,在黄页、社交媒体等渠道开发新客户,在此过程中,成千上万次的尝试可能才换来一两次的回应。在B2C跨境电电子商务中,售后服务要面对大量的抱怨、愤怒和焦躁。如果没有坚忍力,是很难完成好客服工作的。

合作力是保证跨境电商客服工作顺利高效完成的又一重要品质。习近平总书记在2018年出席二十国集团领导人峰会的重要讲话中就提出了携手合作、互利共赢的伙伴精神。[②] 客服岗位是客户和商家沟通的纽带,客户需求的满足需要客服专员与企业的其他职能部门如产品技术支持、物流、财务、新产品开发、运营等及时衔接沟通。只有通过与这些部门有效合作,才能解决客户的问题,提升客户的购物体验。

辨析力主要是指风险识别能力和风险防范化解能力。在工作中,客服专员会收到各种各样的询盘,如果不能准确辨析其真伪,将面临商业机密被泄露的风险。对于新老客户的订单,客服专员应敏锐地分辨出其购买意图及喜好,为二次营销及客户关系维护奠定基础。

本课程以微案例、微故事、微问卷、微辩论等为载体,将以上四个思政元素与教学内容融合,前者旨在核心职业素养的塑造,后者着眼于专业技能的培养,两者双线并行,在知识维度、能力维度和素质维度都能获得良好教学成效,最终实现学习者的德技并修。

---

① 习近平:《习近平在中央党校(国家行政学院)中青年干部培训班开班式上发表重要讲话》,https://www.gov.cn/xinwen/2021-03/01/content_5589536.htm。

② 习近平:《习近平在二十国集团领导人第十三次峰会第一阶段会议上的讲话(全文)》,https://www.gov.cn/xinwen/2018-12/01/content_5344968.htm。

二、课程思政设计

(一)教学内容

根据"跨境电商客服"课程在专业人才培养方案中的地位和作用及对育人环节的支撑作用,本课程从共情力、坚忍力、合作力、辨析力四个课程思政元素出发,设计课程思政目标、呈现内容和呈现形式,整体教学内容框架如表 4-5 所示。

表 4-5　"跨境电商客服"课程思政教学内容框架

章节 (模块)	知识目标和 能力目标	思政目标	思政目标在本章节中的具体 体现点和结合点	思政教育 呈现内容	呈现形式
导论	1.掌握跨境电商客服专员含义; 2.熟悉跨境电商客服专员工作任务; 3.了解跨境电商客服专员岗位要求	对共情力、坚忍力、合作力、辨析力的理解	从课程内容、课程目标、课程安排的角度向学生介绍课程中融合的主要思政元素及其相互之间的关系	跨境电商客服岗位需要的核心职业素养	讲解 讨论 思维导图
跨境电商客户准备工作	1.掌握沟通软件的安装步骤及使用方法; 2.掌握翻译软件的安装步骤及使用方法; 3.掌握跨文化交际基本原则	了解共情力与合作力的意义	跨境电商客服中常见的文化差异主要体现在语言和沟通方式的差异、审美观及习俗的差异、价值观和消费观的差异三个方面。跨境电商客服人员必须提升跨文化沟通意识,可以通过扩充本国和他国文化知识的储备、增强对本国文化的自信和增强对他国文化的尊重三个途径,不断积累,不断学习,逐步提升跨文化沟通能力	跨文化沟通的技巧; 共情力的自我测试	讲解 微型问卷

章节 （模块）	知识目标和 能力目标	思政目标	思政目标在本章节中的具体 体现点和结合点	思政教育 呈现内容	呈现形式
跨境电商 售前客服	1.掌握常用沟通工具的使用技巧； 2.掌握翻译工具的使用技巧； 3.熟悉电商主流市场的客户文化背景及沟通特点； 4.熟悉给不同国家客户撰写和发送开发信的模板	了解坚忍力和辨析力的意义	售前客服除了需要具备基本的职业道德之外，还需要具备特定的素质能力，如坚忍力和辨析力。一方面，售前客服需要不断开发客户，屡次面对开发信石沉大海的情况；需要面对形形色色的客户去解答产品细节、支付方式、运费、关税等问题。这就要求售前客服有坚定不移的毅力和热情；另一方面，售前客服会收到很多客户发来的询盘，有些是真正有采购需求的客户，有的是套取账户或者其他信息的询盘，因此售前客服需要有辨析力来区分优质询盘、垃圾询盘和可疑询盘	抗压能力的测试； 辨析能力的培养	讨论 微型短剧表演
跨境电商 售中客服	1.掌握订单管理的操作流程； 2.掌握产品交易和物流方面的问题类别及回复模板； 3.理解客服工作的重要性	进一步训练坚忍力和共情力	在跨境电商客服的售中服务与咨询过程中，经常会面临多样的困难与挫折，来自不同国家、地区和文化背景的客户对于产品、服务的概念各不相同，在交流与沟通中容易造成摩擦。此外，各种情景下的订单处理、特殊问题的处理，无一不磨炼着跨境电商客服工作人员的意志。中华优秀传统文化历来强调人的意志力、坚忍力、自制力的培养塑造	忍耐力、忍压力、忍挫力三个维度的训练	演讲 讨论

续表

章节（模块）	知识目标和能力目标	思政目标	思政目标在本章节中的具体体现点和结合点	思政教育呈现内容	呈现形式
跨境电商售后客服	1.掌握纠纷的类型及相应的解决方法；2.熟悉处理纠纷、投诉、差评的流程；3.掌握客户的类型及维护方法	进一步训练共情力和合作力	跨境电商平台的售后问题，在整个产品的销售环节中也很重要。有的客户完成付款后要求修改订单地址，有的产品已经发货但地址不对，还有的客户要求取消订单。当然物流问题和差评问题都非常棘手。每一个问题在处理应对时都要求客服人员有较强的共情力和合作力	对问题处理流程进行复盘，体会共情和合作的力量	模拟情境对话
跨境电商客服技巧进阶	1.能够有效识别诚意客户并对客户进行分类；2.能够熟悉客户跟进流程并具备初步的管理策略；3.掌握跨境电商客户的识别及分类方法；4.掌握跨境电商维护及管理客户的基本策略	进一步训练合作力和辨析力	做一名合格的跨境电商客服，除了要具备换位思考、高效处理、会倾听、有韧性等多项基本素质之外，要想进一步提升自己的专业素养，还应以创造新的客户价值体验为目标，积极掌握、实践辨析能力及合作能力两项关键技能。这也是客户服务技巧的进阶水平所必须锻炼和培养的	客户高阶服务中合作和辨析能力的要求	模拟面试讨论

（二）考核方式

通过线上问卷、课堂观察、小组表现等多种形式进行师生评价、机器测评及增值评价相结合的多元评价。最早的教育增值评价起源于基础教育领域，始于对学校效能的评价。1992年，美国田纳西大学教授威廉·桑德斯创建了增值性评价模式,并运用于职业教育。高等职业教育中课程的增值评价强调评价的改进功能和激励功能,这是一种过程性、发展性评价,与以往注重结果的评价有机地结合起来,可以更加科学合理地对学生进行评价。本课程在专业能力测评方面,通过若干单个或 1~2 个综合任务项目进行,注重实践应用能力;在方法能力检测方面,通过教学过程观察、记录及在项目完成过程中所表现出来的创新思维、方法进行;在社会能力测评方面,主要通过项目调查、团体座谈及会议记录与纪要撰写、成果汇报、自我总结与评价等形式来进行。

(三)成绩评定

本课程的思政教学达成效果的评定围绕共情力、坚忍力、合作力和辨析力四个思政要素的掌握情况进行。专业能力成绩评定主要依据综合任务项目的完成度,包括跨境电商客服知识和技能的掌握熟练程度与灵活运用,还包括任务项目完成过程中学生所体现出的合作力、坚忍力。方法能力的成绩评定主要依据学生处理客服案例和实训时的创新、思辨。社会能力的成绩评定除校内教师、同学的评价外,还应邀请校外专家对学生进行评定。评分采用五级制计分法,通过问卷、小组任务、测验等手段开展。

(四)课程思政评分标准

本课程的课程思政评价综合考量共情力、坚忍力、合作力及辨析力四大要素,以五级制计分法评估。学生在跨境电商课程中的表现,需展现对客户需求的深刻理解与共情、面对挑战时的坚韧不拔、团队协作中的高效沟通与互助,以及在复杂情境下的清晰分析与决策能力。评分标准融合专业知识掌握、创新思维应用及社会实践表现,确保评价全面科学,促进学生全面发展,具体如表 4-6 所示。

表 4-6　"跨境电商客服"课程思政评分标准

评价指标	评价方式	评价比重
共情力	问卷测试、日常观察	25％
坚忍力	小组任务、测试成绩	25％
合作力	课堂提问、微型面试	25％
辨析力	实训实操、模拟短剧	25％

三、课程思政示例

我们以讲解第一个项目"跨境电商客户准备工作"为案例。

【课程思政要点】

- 结合本模块的主题,使学生充分意识到跨文化沟通的重要性。
- 共情力的定义、意义和自我测评。

【教学重难点】

(1)熟练收发邮件和使用常用即时通信软件。

(2)熟练使用翻译工具,得到较准确的译文。

(3)理解共情力的定义并有意识地培养共情力。

【教学内容、过程与方法】

第一讲介绍本项目的背景,根据实际工作岗位,创设小艾、杭州奇迹电子商务公司等人物和场景,并将这一人物的工作经历贯穿整个教学过程,从而让学生产生身临其境的学习感受。小艾从一所职业学院毕业后,应聘杭州奇迹电子商务公司的跨境电商客服岗位。小艾已经通过了大学英语六级等级考试,在学校学习了"商务英语读写""跨境电商英语""跨文化交际"等专业课程,平时也比较注重英语口头和笔头能力的锻炼。他对跨境电商工作十分感兴趣,成功通过了杭州奇迹电子商务公司的笔试和面试,对这份工作胸有成竹,信心满满。今天是小艾正式上岗的第一天,让他略感意外的是,部门主管 Alice 并没有直接给他分配具体的工作任务,而是带他熟悉产品,了解公司主要业务对象国情况,并向他提出了以下问题:

（1）常用的跨境电商通信和翻译工具有哪些？

（2）你了解公司潜在客户国的消费文化和特点吗？

中国常用的跨境电商即时通信工具是 WeChat，韩国是 Kakao Talk，泰国用 LINE，英国、巴西、南非、印度尼西亚和印度使用 WhatsApp 较多，美国最普及的即时通信工具是 Facebook。除了即时通信工具外，还可以使用电子邮箱发送电子邮件跟客户沟通。电子邮件具有很多优点，而个人邮箱与企业邮箱有较多不同。运用即时通信工具与客户交流具有时效性强、成本低廉、亲切直接等优点，不少平台拥有内置的即时通信工具，比如阿里巴巴国际站提供的聊天工具 Trademanager，类似于国际版的淘宝旺旺。也有平台允许运营商自行下载聊天工具，比如 Wordpress 和 Shopify 等 B2C 商店中被多数运营商使用的 Tidio Live Chat，这是一款设计极为简约的实时聊天软件，目前被广泛应用。但是更多的平台是没有聊天工具的，这就需要客服人员根据每款即时通信工具的特点和主要使用国家和地区分布，选择合适高效的一款或者几款聊天工具。Messenger 是 Facebook 自主研发的全球排名第二的即时通信工具，月活跃用户达到 10 亿个，主要集中于欧洲和美国。据悉 Messenger 的打开率比普通邮件高 8～10 倍，因此是企业做营销效果较好的一款工具。Skype 拥有 6.63 亿个注册用户，同时在线人数超过 3000 万人。Skype 作为老牌的免费网络电话，拥有大量私人用户及企业级用户，使用 Skype 可以拨打全球的座机或者手机，是比较清晰的网络电话，这款软件在澳大利亚和欧洲国家使用较多。WhatsApp 这款应用程序在欧美、东南亚和南美等地区备受欢迎，除了发送视频、图片和语音信息等一般功能外，它的最大特点在于可以像手机短信一样直接关联手机号码，并和现有的手机通讯录实现结合。LINE 在日本、泰国和中国台湾地区大受欢迎。Viber 是一种智能手机可用的跨平台网络电话及即时通信工具，能在 3G 和 Wi-Fi 网络上运行。Viber 用户无须注册或付款，只要双方都安装了这套软件就能彼此免费通信。用户可以通过无线网络或 UMTS，与其他用户免费通话及传送短信、图片、视频和音频，其中网络电话这个功能与 Skype 十分相似。

目前 Viber 支持包括中文在内的多国语言，在东欧、中亚地区注册人数较多。

第二讲主要介绍跨境电商客服人员常用的翻译软件。一名跨境电商客服人员的英语水平再高，也可能会碰到翻译难题，所以翻译工具是很常用的。有道词典、金山词霸、谷歌翻译等是比较常见的翻译软件。除此之外，一些比较专业的在线翻译网站也是很好的选择。

ImTranslator 提供了一个自然发声的文本和语音系统，具有翻译功能，只需单击一下按钮，即可快速翻译文本并大声朗读出来。Nice Translator 是一个在线翻译网站，界面十分简洁，使用方便，翻译质量较高，其最大的特点是所有的翻译文本均不会被服务器保存，最大程度地保护使用者的隐私。中国国家知识互联网(CNKI)学术翻译的准确性很高，适合正式文本的翻译。

翻译工具具有大容量的专业词库、交互翻译功能、记忆功能，这就使翻译工具在具体应用中可使用户更加省时、省力。但是目前的翻译工具只能按照事先预置的词库进行翻译，这种翻译的质量很大程度上取决于翻译工具原有词汇量的大小，但由于一个词语在特定的行业内会有不同的含义，有时甚至会千差万别，这对于机器翻译而言，在现有的技术条件下几乎是无法实现的。由于在特定的环境下，语言所表述的意义会因人们所赋予的感情色彩不同而有天壤之别，由此如果我们单方面要求翻译工具在语言翻译时做到"忠实和通顺"，将是一厢情愿的想法。因此，我们要采取一些策略，尽可能提高翻译工具产出的译文的质量。

首先，将复杂句转化成简单句。一个复杂句在没有转化成简单句之前，译文可能显得头重脚轻，很容易出现语法错误。而转化后译文将变得流畅，逻辑更清晰，客户读起来也更轻松。其次，将意合文字转换为形合文字。汉语是意合文字，译成英语后时态、逻辑容易产生混乱。而当我们加上"因为""尽管"等表示前后逻辑关系的连词后，句子便具有了形合的特点，相应的译文也更容易被目的语读者明白。这里再次复习形合和意合的概念。形合和意合是语言学句法中两个最基本的概念。形合是指借助语言形式手段（包括词汇手段和形态手段）实现词语或句子的连接；意合是指不借助语言形式手段而借助词语或句子的意义和逻辑关系实现它们的连接。前者注重语言形式上的接应,后者注重行文意义上的连贯。汉语意合和英文形合与两种语言所处的文化背景存在密切的关系。中国传统文化讲究整体性及天人合一,说话存在模糊性特征;而英语注重理性思维和逻辑思维,强调外在形式结构的完整严谨,词法句法清晰详细,各种逻辑和动态意思的表达是通过词语的形态和时态变化表达出来的。总之,在具体翻译实践过程中的英汉互译中,我们要特别注重两种语言在形合和意合两个方面的差异。再次,将英语作为中转语言。由于语系间的差异,有些语言由汉语直接翻译,译文会比较生硬或者准确度欠缺,但使用英语作为中转语言所得到的译文会相对较为准确。最后,人工反复检查。即使使用以上的翻译工具和技巧,所得到的译文也未必是准确、流畅的,所以人工检查的步骤必不可少。我们要反复检查语法、用词、感情色彩等方面,有时候还要进一步考虑文化因素对于语言表达的影响,争取用最恰当的语言给客户留下值得信赖的印象,为后续的业务开展打下良好基础。

第三讲介绍主要跨境电商的市场特点。跨境电商面对的是国外消费者,是否了解这些消费者的消费心理、消费习惯、消费取向,对于中国卖家能否卖好产品、开发产品有着至关重要的意义。北美、南美、欧洲、东南亚、俄罗斯、非洲的买家都有各自的特点,这些国家和地区之间的市场状况和差异也比较大,作为一名客服人员,对此应该有较为详细的了解。北美市场是中国跨境出口的主要市场,其中美国是世界上最大的电子商务市场之一,在线买家数量众多,在线消费能力极强。由于移民众多、文化多元,美国买家对商品的接受度很高。美国十分重视商标和专利,关注环保和劳工方面的问题。美国电商的销售旺季集中在下半年,比如"黑色星期五""网购星期一"等网购季和圣诞节、感恩节等传统节日总是会引发网络消费热潮,销售额占全年的 30% 以上。南美是跨境电商的一个新兴市场,互联网普及程度、跨境消费群体、移动化购物的人群比例都在不断增长。南美人不注重资金储蓄,这给中国的跨境卖家带来了一定的商机。根据目前的调查数据,巴西人对手机和平板电脑的需求量相对较大。但是南美洲的物流相对落后,即便是南美洲最大的国家巴西,也只是主干物流通路比较完善,支干物流通路非常差。各国的海关手续烦琐,官僚主义严重,通关周期很长,导致卖家库存增加、成本上升,买家收货周期拉长。德国市场对商品品质精益求精,同时德国的退货率很高,将近50%,他们经常会购买多个颜色或者尺码的产品,在试用过后将不满意的那部分退掉。德国人的消费观念相对其他国家更为理性,基本上不会冲动消费,购买奢侈品的人比较少。此外,德国人很看重节日,重大节日时都会跟朋友互赠礼物,借此联络和增强感情。德国的物流基础设施高度发达,因此企业开展电商业务很轻松。俄罗斯市场和中国市场是两个高度互补的市场,俄罗斯的重工业和轻工业比例严重失衡,他们对日常消费品的进口需求很大,其中包括服装、鞋子、电子产品、配饰等,这给中国的跨境卖家带来了机遇和挑战。俄罗斯人对网络支付的安全性持怀疑态度,所以很少有人使用电子支付,仍是以现金支付的方式为主。俄罗斯小包的时效在20~30天,其物流体系的不完善由此可见一斑。俄罗斯网购人数约占其总人口数的2%,比较关注的是产品的性价比,在产品的选择上会有一定的滞后性。东南亚人口众多,是一个典型的多语种的区域,语种在10种左右,中国跨境卖家想要开拓东南亚市场,多语种的跨境电子商务运作就变得非常重要。东南亚本土电商发展较好,比如Lazada就很受欢迎,目前Lazada已被阿里巴巴集团收购。东南亚的互联网买家大部分都是基于移动端,其移动端的交易比例在62%以上,因此进军东南亚市场,适应当地的移动消费群体的习惯和需求是很重要的。当前东南亚还是一个非常具有前景和吸引力的消费市场,进入壁垒略高,未来的增长空间值得期待。非洲有54个独立国家,其中南非和尼日利亚的网络零售的发展速度居于非洲领先位置,当地越来越多的居民参与到了跨境购物的群体当中,尤其是日益增长的中产阶级越来越青睐跨境购物。但非洲国家在基础设施和物流网络等方面的建设还不完善,可供选择的物流方式非常有限。另外,非洲消费者和俄罗斯一样,对互联网支付的安全性持不信任的态度,因此货到付款是非常普遍的支付方式。

第四讲以微型问卷作为载体，进行课程思政元素的融入。跨境电商打破了时间和空间的限制，让商家直接面对来自不同文化背景的企业批发商或个体消费者。文化差异是影响消费心理、消费偏好的重要隐性因素，也是跨境电商企业在经营过程中的一大困扰。跨境电商客户服务中常见的文化差异主要体现在语言障碍和沟通方式的差异、审美观及习俗的差异、价值观和消费观的差异三个方面。跨境电商客服人员要想为客户提供优质、贴心、高效的服务，必须提升跨文化沟通意识。可以通过扩充本国和他国文化知识的储备、增强对本国文化的自信和增强对他国文化的尊重三个途径，不断积累、不断学习，逐步提升跨文化沟通能力。以下是几个有助于提升跨文化沟通能力的小技巧。

第一，开放的思维。如果不能对别人的观点抱有一种开放宽容的态度，就很难理解并接受别人的观点。不管你的信仰或习俗是什么，都应接受别人可能会以不同的方式处理同样的事情这一事实，并对此表示尊重。

第二，学习的心态。双方之间缺乏理解往往会导致关系紧张，这就是为什么我们要不断地教育和提升自己。互联网提供了一个巨大的资源库，在这里有各种各样的文化实践，同时也有许多传统的方式可以让我们学习了解多样的文化，比如通过读书、看电影，或者更实际的方式——旅行。

第三，互动的意识。虽然书籍和电影可能会给你提供许多实用的信息，但你会从实际与人接触中学到最多的东西。你和不同的人交流得越多，就越能从不同的角度看待问题，增强你与他人共情的能力，并在更深的层次上理解他人。

第四，自我反思。认真反思一下你与他人的相处方式、你说话的方式和你的整体态度：你认为你给他人留下了什么印象？你的行为会不会被误解，或者你的言语会不会冒犯他人？调整自己的沟通方式是与他人建立积极关系的一个重要因素。

第五，不先入为主。当你基于刻板印象或用先入为主的观点来判断一个人时,实质上是完全忽略了他们的个性,你不考虑他们的真实情况就给他们贴了标签。应尽可能地去了解和理解他人,平等地对待每个人。

其中第三个技巧中提到要"增强你与他人共情的能力",也就是提升共情力。共情力,指的是能够躬身入局,设身处地地理解他人处境的一种能力,其形成基于共通的价值观和感受,超越文化差异的壁垒达成信任,从而保障成功的沟通。共情是跨境电商客服岗位十分需要的,但也是较难获得的一种能力。请同学们完成《多伦多共情力问卷》(The Toronto Empathy Questionnaire,TEQ),测试一下自己目前的共情力水平(见表4-6)。

表 4-7　多伦多共情力问卷

问题及得分说明	从不	很少	有时	经常	总是
1.当有人感到开心时,我也会感到开心。					
2.别人的不幸对我没有多少影响。					
3.看到有人受到不尊重时,我很不高兴。					
4.与我亲近的人感到快乐的时候,我无动于衷。					
5.我喜欢做让别人感到舒服的事。					
6.我对那些不如我幸运的人怀有温柔、关心的感情。					
7.当一个朋友开始谈论他/她的问题时,我会试着改变话题。					
8.别人难过的时候我能看出来,即使他们什么都没说。					
9.我发现我能够和别人的心情"合拍"。					
10.我不同情那些因自己的原因而生重病的人。					
11.当有人哭的时候,我会变得很烦躁。					
12.我对别人的感受并不感兴趣。					
13.当我看到有人难过时,我就会有强烈的冲动去帮助他们。					
14.当我看到有人受到不公平的对待时,我并不感到同情他们。					
15.我觉得人们喜极而泣是愚蠢的。					
16.当我看到有人被利用时,我有一种要保护他们的感觉。					
得分说明: 得分越高,表明自我报告的共情力水平越高。男性的综合得分在43.46~44.45分,而女性得分则在44.62~48.93分,根据这份调查问卷所测量的性别差异被认为是适度的。	第1、3、5、6、8、9、13、16项: 从不=0　很少=1　有时=2 经常=3　总是=4 第2、4、7、10、11、12、14、15项: 从不=4　很少=3　有时=2 经常=1　总是=0				

【教学成效与反思】

(1)教学的知识目标、能力目标和素质目标达成度较高。通过四讲,使学生完全了解了主要跨境电商对象国常用即时通信软件的特点,掌握了常用在线翻译工具的使用方法和各自的优点,同时较为概括地了解了主要跨境电商市场的特点。学生还能熟练地收发邮件和使用常用即时通信软件,能根据原文的特点和功能用途选择合适的翻译工具,熟练使用翻译工具得到较准确的译文。通过这一项目的学习和练习,学生基本都具备了跨文化沟通的意识,掌握了提高跨文化沟通能力的技巧,对共情意识也有了初步认识。

(2)教学效果的满意度较高。以教师为主导,以学生为主体,通过设计形式多样的教学活动,开发灵活有趣的思政载体,学生在教师指导下,积极主动参与,绝大多数学生都可以掌握有效的学习方法,锻炼实用的岗位技能,发展必备的核心素养,获得积极丰富的情感体验。

(3)及时反馈、适时检测,有利于教学目标的全面实现。教材的习题和实训是对本项目所涉及的主要知识和技能的检测,边讲边练和先学再练两种做法相结合,可以让教学者和学习者能够了解到某个知识点或技能点的掌握情况,便于下一个教学步骤的节奏安排和内容深浅的调整。

参考文献

［1］Agustín, Ó. G. Enhancing solidarity: Discourses of voluntary organizations on immigration and integration in multicultural societies［J］. Journal of Multicultural Discourses, 2012, 7(1): 81-97.

［2］Bakhtin, M. Speech Genres and Other Late Essays［C］// Emerson, C. & M. Holquist (eds.). The Problem of the Text in Linguistics, Philology, and the Human Sciences: An Experiment in Philosophical Analysis. Austin: University of Texas Press, 1986.

［3］Bartlett, T. Towards intervention in Positive Discourse Analysis［J］// Coffin, C. , O'Halloran, K. , & Illis, T. (eds.). Applied Linguistics Methods: A Reader and Abingdon: Routledge and the Open University, 2009: 133-147.

［4］Bartlett, T. Hybrid Voices and Collaborative Change: Contextualising Positive Discourse Analysis［M］. New York: Routledge, 2012.

［5］Barthes, R. Poe "tique du re" cit［M］. Paris: Editions du Seuil, 1977.

［6］Bateman, J. A. Multimodality and Genre: A Foundation for the Systematic Analysis of Multimodal Documents［M］. London: Palgrave Macmillan, 2008.

［7］Beck, U. Risk Society: Towards a New Modernity［M］. London: Sage, 1992.

[8] Berkowitz, M. W. & Oser, F. Moral Education: Theory and Application [M]. Hillsdale: Lawrence Erlbaum, 1985.

[9] Bernstein, B. The Structuring of Pedagogic Discourse[M]. London: Routledge, 1990.

[10] Bok, D. Our Underachieving Colleges[M]. New Jersey: Princeton University Press, 2007.

[11] Bonvecchio, C. Il mito dell'universitá[M]. Bologna: Nicola Zanichelli, 1980.

[12] Chazan, B. Contemporary Approaches to Moral Education: Analyzing Alternative Theories [M]. New York: Teachers College Press, 1985.

[13] Coles, R. The Call of Stories[M]. Boston: Houghton Mifflin, 1989.

[14] Damon, W. Greater Expectations: Overcoming the Culture of Indulgence in Our Homes and Schools[M]. New York: Free Press, 1995.

[15] Duke, C. University Engagement: Avoidable Confusion and Inescapable Contradiction [J]. Higher Education Management and Policy, 2008(20): 1-11.

[16] Eberly, D. America's Character: Recovering Civic Virtue [M]. Lanham: Madison, 1995.

[17] European Commission. White paper on Education and Training—Teaching and Learning: Towards the Learning Society [EB/OL]. (1995-11-29) [2023-1-23]. https://op. europa. eu/en/publication-detail/-/publication/d0a8aa7a-5311-4eee-904c-98fa541108d8/language-en.

[18] European Commission. A Memorandum on Lifelong Learning. [EB/OL]. (2000-10-30) [2023-10-18]. https://arhiv. acs. si/dokumenti/Memorandum_on_Lifelong_Learning. pdf.

［19］Fairclough，N. Language and Power［M］. London：Longman，1989.

［20］Fairclough，N. Critical Discourse Analysis：The Critical Study of Language［M］. London & NewYork：Longman，1995.

［21］Frohmann，B. Discourse analysis as a research method in library and information science［J］. Library & Information Science Research，1994，16(2)：119-138.

［22］Halliday，M. A. K. & Hasan，R. Language，Context and Text：A Social Semiotic Perspective［M］. Geelong：Deakin University Press，1985.

［23］Harris，Z. S. Discourse Analysis：A Sample Text［M］. Washington D. C.：Linguistic Society of America，1952.

［24］Himmelfarb，G. The De-Moralization of Society：From Victorian Virtues to Modern Values［M］. New York：Knopf，1995.

［25］Hodge，R. & Kress，G. Language as Ideology［M］. 2nd ed. London：Routledge，1993.

［26］Hughes，J. M. F. Progressing positive discourse analysis and/in critical discourse studies：Reconstructing resistance through progressive discourse analysis［J］. Review of Communication，2018，18(3)：193-211.

［27］Jewitt，C. The Routledge Handbook of Multimodal Analysis［M］. London：Routledge，2009.

［28］Kilpatrick，W. K. Why Johnny Can't Tell Right from Wrong：Moral Literacy and the Case for Character Education［M］. New York：Simon and Schuster，1992.

［29］Kreeft，P. Back to Virtue［M］. San Francisco：Ignatius，1986.

［30］Kress，G. & van Leeuwen，T. Reading Images［M］，Geelong：Deakin University Press，1990.

［31］Kress，G. & van Leeuwen，T. Multimodal Discourse—The Modes and Media of Contemporary Communication［M］，London，Edward Arnold，2001.

［32］Lewis，C. S. The Abolition of Man［M］. New York：Macmillian，1947.

［33］Lickona，T. Educating for Character：How Our Schools Can Teach Respect and Responsibility［M］. New York：Bantam，1991.

［34］Macintyre，A. After Virtue. Notre Dame［M］. South Bend：Notre Dame University Press，1981.

［35］Mann，H. Twelfth Annual Report of the Board of Education together with the Twelfth Annual Report of the Secretary of the Board of Education［M］. Boston：Dutton and Wentworth，1849.

［36］Martin，J. R. Positive Discourse Analysis：Solidarity and Change［J］. Revista Canaria de Estudios Ingleses，2004(49)：179-202.

［37］Nartey，M. Voice，agency and identity：a positive discourse analysis of "resistance" in the rhetoric of Kwame Nkrumah［J］. Language and Intercultural Communication. 2020，20(2)：193-205.

［38］Nartey，M. & Hom，H. Formulating emancipatory discourses and reconstructing resistance：A positive discourse analysis of Sukarno's speech at the first Afro-Asian conference［J］. Critical Discourse Studies，2020，17(1)：22-38.

［39］Nucci，L. P. Moral Development and Character Education：A Dialogue［M］. Berkeley：McCutchan，1989.

［40］Power，F. H. A. & Kohlberg，L. Lawrence Kohlberg's Approach to Moral Education［M］. New York：Columbia University Press，1989.

［41］Pritchard，I. Good Education：The Virtues of Learning［M］. Norwalk：Judd，1998.

[42] Ryan, K. & Bohlin, K. Building Character in Schools: Practical Ways to Bring Moral Instruction to Life[M]. San Francisco: Jossey-Bass, 1999.

[43] O'Toole, M. The language of Displayed Art [M]. Rutherford: Fairleigh Dickinson University, 1994.

[44] Wodak, R. & Krzyzanowski, M. Qualitative Discourse Analysis in the Social Sciences[M]. Basingstoke: Palgrave MacMillan, 2008: xi, 216.

[45] van Dijk, T. Critical Discourse Analysis. The Handbook of Discourse Analysis[M]. Oxford: Blackwell, 2004.

[46] van Dijk, T. Teun A. Ideology: A Multidisciplinary Approach[M]. London: Sage, 1998.

[47] Wilson, J. Q. The Moral Sense[M]. New York: Free Press, 1993.

[48] Woolard, K. Introduction: Language ideology as a field of inquiry [M]// Schieffeilin B, Woolard, K., & Kroskrity, P(eds.). Language Ideologies: Practice and Theory. New York, Oxford: Oxford University Press, 1998: 5.

[49] Wright, R. The Moral Animal: Why We Are the Way We Are[M]. New York: Pantheon, 1994.

[50] 陈宝生. 全面把握新时代要求 全面振兴本科教育:在2018—2022年教育部高等学校教学指导委员会成立会议上的讲话[EB/OL].(2018-11-01)[2023-09-12]. https://dqgc. gxu. edu. cn/_ _ local/C/08/9B/AAE028CC9E4E8DB29B8EBF2B535_8BCF6DBC_8C9DE. pdf.

[51] 付磊. 基于"多模态理论"的《新视野大学英语视听说》CAI软件评价[J]. 山东广播电视大学学报,2010(4):37-38.

［52］顾曰国.当代语言学的波形发展主题：语言、符号与社会［J］.当代语言学，2010(3)：193-219.

［53］常莉.澳等教育改革视域下课程思政理念论析［J］.思想教育研究，2021(11)：114-118.

［54］龚一鸣.课程思政的知与行［J］.中国大学教学，2021(5)：77-84.

［55］顾曰国.多媒体、多模态学习剖析［J］.外语电化教学，2007(2)：3-12.

［56］何玉海.关于"课程思政"的本质内涵与实现路径的探索［J］.思想理论教育导刊，2019(10)：130-134.

［57］胡雯.多模态话语分析在英语教学中的应用［J］.山东理工大学学报（社会科学版），2011,27(3)：104-108.

［58］胡壮麟.社会符号学研究中的多模态化［J］.语言教学与研究，2007(1)：1-10.

［59］胡壮麟，董佳.意义的多模态构建——对一次 PPT 演示竞赛的语篇分析［J］.外语电化教学，2006(3)：3-12.

［60］冀芳.多模态话语分析下的微电影研究［J］.电影文学，2013(11)：34-35.

［61］刘秀丽，张德禄，张宜波.外语教师多模态话语与学生学习积极性的关系研究［J］.外语电化教学，2013(3)：5-11.

［62］教育部思想政治工作司.加强和改进大学生思想政治教育重要文献选编(1978—2008)［M］.北京：中国人民大学出版社，2008.

［63］李战子.多模态话语的社会符号学分析［J］.外语研究，2003(5)：1-8.

［64］李战子，陆丹云.系统功能语言学的研究热点和发展方向［J］.中国外语，2012(6)：93-97.

［65］刘鹤，石瑛，金祥雷.课程思政建设的理性内涵与实践路径［J］.中国大学教学，2019(3)：59-62.

［66］沈瑞林，张彦会，李昕钰.我国高校课程思政话语体系建设的困境与对策——基于费尔克劳夫话语三维模式的考察［J］.江苏高教，2022(3)：73-79.

［67］孙毅.多模态话语意义建构——以 2011 西安世界园艺博览会会徽为基点［J］.外语与外语教学,2012(1):82-89.

［68］田海龙.社会网络中的话语互动［M］.天津:天津人民出版社,2021.

［69］田海龙.跨文化交际的话语解读:再情景化模式［J］.福州大学学报(哲学社会科学版),2016(2):50-54.

［70］王改娣,杨立学.英语诗歌之多模态话语分析研究［J］.山东外语教学,2013,34(2):26-31.

［71］王立非,文艳.应用语言学研究的多模态分析方法［J］.外语电化教学,2008(3):8-12.

［72］王学俭,石岩.新时代课程思政的内涵、特点、难点及应对策略［J］.新疆师范大学学报(哲学社会科学版),2020(2):25-28.

［73］汪燕华.多模态话语中的图文关系［J］.外国语文,2010,26(5):73-75,121.

［74］文秋芳.大学外语课程思政的内涵和实施框架［J］.中国外语,2021(2):47-52.

［75］文旭,徐天虹.外语教育中的课程思政探索［M］.重庆:西南师范大学出版社,2021.

［76］曾方本.多模态语篇里图文关系的解构及其模式研究——关于图文关系的三种理论评述［J］.外国语文,2010,26(4):60-64.

［77］张德禄.多模态话语分析综合理论框架探索［J］.中国外语,2009,6(1):24-30.

［78］张德禄.论多模态话语设计［J］.山东外语教学,2012,33(1):9-15.

［79］张德禄,王群,交通标志的图文关系与解读过程［J］.外语教学,2011(4):27-30.

［80］张德禄,张淑杰.多模态性外语教材编写原则探索［J］.外语界,2010(5):26-33.

［81］张辉,展伟伟.广告语篇中多模态转喻与隐喻的动态构建［J］.外语研究,2011(1):18-25.

［82］张正光,张晓花,王淑梅."课程思政"的理念辨误、原则要求与实践探究［J］.大学教育科学,2020(6):52-57.

［83］赵芃."学雷锋活动"历史变迁的话语研究［M］.天津:南开大学出版社,2017.

［84］周济.抢抓机遇　乘势而上　加强和改进大学生思想政治教育——周济部长在教育部直属高校领导干部培训班上的讲话［EB/OL］.(2005-01-31)［2023-09-28］.http://www.moe.gov.cn/jyb_xxgk/gk_gbgg/moe_0/moe_495/moe_991/tnull_10134.html.

［85］朱永生.多模态话语分析的理论基础与研究方法［J］.外语学刊,2007(5):82-86.

附　录

附录 1
高等学校课程思政建设指导纲要
（2020 年 5 月）

为深入贯彻落实习近平总书记关于教育的重要论述和全国教育大会精神，贯彻落实中共中央办公厅、国务院办公厅《关于深化新时代学校思想政治理论课改革创新的若干意见》，把思想政治教育贯穿人才培养体系，全面推进高校课程思政建设，发挥好每门课程的育人作用，提高高校人才培养质量，特制定本纲要。

一、全面推进课程思政建设是落实立德树人根本任务的战略举措

培养什么人、怎样培养人、为谁培养人是教育的根本问题，立德树人成效是检验高校一切工作的根本标准。落实立德树人根本任务，必须将价值塑造、知识传授和能力培养三者融为一体、不可割裂。全面推进课程思政建设，就是要寓价值观引导于知识传授和能力培养之中，帮助学生塑造正确的世界观、人生观、价值观，这是人才培养的应有之义，更是必备内容。这一战略举措，影响甚至决定着接班人问题，影响甚至决定着国家长治久安，影响甚至决定着民族复兴和国家崛起。要紧紧抓住教师队伍"主力军"、课程建

设"主战场"、课堂教学"主渠道",让所有高校、所有教师、所有课程都承担好育人责任,守好一段渠、种好责任田,使各类课程与思政课程同向同行,将显性教育和隐性教育相统一,形成协同效应,构建全员全程全方位育人大格局。

二、课程思政建设是全面提高人才培养质量的重要任务

高等学校人才培养是育人和育才相统一的过程。建设高水平人才培养体系,必须将思想政治工作体系贯通其中,必须抓好课程思政建设,解决好专业教育和思政教育"两张皮"问题。要牢固确立人才培养的中心地位,围绕构建高水平人才培养体系,不断完善课程思政工作体系、教学体系和内容体系。高校主要负责同志要直接抓人才培养工作,统筹做好各学科专业、各类课程的课程思政建设。要紧紧围绕国家和区域发展需求,结合学校发展定位和人才培养目标,构建全面覆盖、类型丰富、层次递进、相互支撑的课程思政体系。要切实把教育教学作为最基础最根本的工作,深入挖掘各类课程和教学方式中蕴含的思想政治教育资源,让学生通过学习,掌握事物发展规律,通晓天下道理,丰富学识,增长见识,塑造品格,努力成为德智体美劳全面发展的社会主义建设者和接班人。

三、明确课程思政建设目标要求和内容重点

课程思政建设工作要围绕全面提高人才培养能力这个核心点,在全国所有高校、所有学科专业全面推进,促使课程思政的理念形成广泛共识,广大教师开展课程思政建设的意识和能力全面提升,协同推进课程思政建设的体制机制基本健全,高校立德树人成效进一步提高。

课程思政建设内容要紧紧围绕坚定学生理想信念,以爱党、爱国、爱社会主义、爱人民、爱集体为主线,围绕政治认同、家国情怀、文化素养、宪法法

治意识、道德修养等重点优化课程思政内容供给,系统进行中国特色社会主义和中国梦教育、社会主义核心价值观教育、法治教育、劳动教育、心理健康教育、中华优秀传统文化教育。

——推进习近平新时代中国特色社会主义思想进教材进课堂进头脑。坚持不懈用习近平新时代中国特色社会主义思想铸魂育人,引导学生了解世情国情党情民情,增强对党的创新理论的政治认同、思想认同、情感认同,坚定中国特色社会主义道路自信、理论自信、制度自信、文化自信。

——培育和践行社会主义核心价值观。教育引导学生把国家、社会、公民的价值要求融为一体,提高个人的爱国、敬业、诚信、友善修养,自觉把小我融入大我,不断追求国家的富强、民主、文明、和谐和社会的自由、平等、公正、法治,将社会主义核心价值观内化为精神追求、外化为自觉行动。

——加强中华优秀传统文化教育。大力弘扬以爱国主义为核心的民族精神和以改革创新为核心的时代精神,教育引导学生深刻理解中华优秀传统文化中讲仁爱、重民本、守诚信、崇正义、尚和合、求大同的思想精华和时代价值,教育引导学生传承中华文脉,富有中国心、饱含中国情、充满中国味。

——深入开展宪法法治教育。教育引导学生学思践悟习近平全面依法治国新理念新思想新战略,牢固树立法治观念,坚定走中国特色社会主义法治道路的理想和信念,深化对法治理念、法治原则、重要法律概念的认知,提高运用法治思维和法治方式维护自身权利、参与社会公共事务、化解矛盾纠纷的意识和能力。

——深化职业理想和职业道德教育。教育引导学生深刻理解并自觉实践各行业的职业精神和职业规范,增强职业责任感,培养遵纪守法、爱岗敬业、无私奉献、诚实守信、公道办事、开拓创新的职业品格和行为习惯。

四、科学设计课程思政教学体系

高校要有针对性地修订人才培养方案,切实落实高等职业学校专业教学标准、本科专业类教学质量国家标准和一级学科、专业学位类别（领域）博士硕士学位基本要求，构建科学合理的课程思政教学体系。要坚持学生中心、产出导向、持续改进，不断提升学生的课程学习体验、学习效果，坚决防止"贴标签""两张皮"。

公共基础课程。要重点建设一批提高大学生思想道德修养、人文素质、科学精神、宪法法治意识、国家安全意识和认知能力的课程，注重在潜移默化中坚定学生理想信念、厚植爱国主义情怀、加强品德修养、增长知识见识、培养奋斗精神，提升学生综合素质。打造一批有特色的体育、美育类课程，帮助学生在体育锻炼中享受乐趣、增强体质、健全人格、锤炼意志，在美育教学中提升审美素养、陶冶情操、温润心灵、激发创造创新活力。

专业教育课程。要根据不同学科专业的特色和优势，深入研究不同专业的育人目标，深度挖掘提炼专业知识体系中所蕴含的思想价值和精神内涵，科学合理拓展专业课程的广度、深度和温度，从课程所涉专业、行业、国家、国际、文化、历史等角度，增加课程的知识性、人文性，提升引领性、时代性和开放性。

实践类课程。专业实验实践课程，要注重学思结合、知行统一，增强学生勇于探索的创新精神、善于解决问题的实践能力。创新创业教育课程，要注重让学生"敢闯会创"，在亲身参与中增强创新精神、创造意识和创业能力。社会实践类课程，要注重教育和引导学生弘扬劳动精神，将"读万卷书"与"行万里路"相结合，扎根中国大地了解国情民情，在实践中增长智慧才干，在艰苦奋斗中锤炼意志品质。

五、结合专业特点分类推进课程思政建设

专业课程是课程思政建设的基本载体。要深入梳理专业课教学内容，结合不同课程特点、思维方法和价值理念，深入挖掘课程思政元素，有机融

入课程教学,达到润物无声的育人效果。

——文学、历史学、哲学类专业课程。要在课程教学中帮助学生掌握马克思主义世界观和方法论,从历史与现实、理论与实践等维度深刻理解习近平新时代中国特色社会主义思想。要结合专业知识教育引导学生深刻理解社会主义核心价值观,自觉弘扬中华优秀传统文化、革命文化、社会主义先进文化。

——经济学、管理学、法学类专业课程。要在课程教学中坚持以马克思主义为指导,加快构建中国特色哲学社会科学学科体系、学术体系、话语体系。要帮助学生了解相关专业和行业领域的国家战略、法律法规和相关政策,引导学生深入社会实践、关注现实问题,培育学生经世济民、诚信服务、德法兼修的职业素养。

——教育学类专业课程。要在课程教学中注重加强师德师风教育,突出课堂育德、典型树德、规则立德,引导学生树立学为人师、行为世范的职业理想,培育爱国守法、规范从教的职业操守,培养学生传道情怀、授业底蕴、解惑能力,把对家国的爱、对教育的爱、对学生的爱融为一体,自觉以德立身、以德立学、以德施教,争做有理想信念、有道德情操、有扎实学识、有仁爱之心的"四有"好老师,坚定不移走中国特色社会主义教育发展道路。体育类课程要树立健康第一的教育理念,注重爱国主义教育和传统文化教育,培养学生顽强拼搏、奋斗有我的信念,激发学生提升全民族身体素质的责任感。

——理学、工学类专业课程。要在课程教学中把马克思主义立场观点方法的教育与科学精神的培养结合起来,提高学生正确认识问题、分析问题和解决问题的能力。理学类专业课程,要注重科学思维方法的训练和科学伦理的教育,培养学生探索未知、追求真理、勇攀科学高峰的责任感和使命感。工学类专业课程,要注重强化学生工程伦理教育,培养学生精益求精的大国工匠精神,激发学生科技报国的家国情怀和使命担当。

——农学类专业课程。要在课程教学中加强生态文明教育，引导学生树立和践行绿水青山就是金山银山的理念。要注重培养学生的"大国三农"情怀，引导学生以强农兴农为己任，"懂农业、爱农村、爱农民"，树立把论文写在祖国大地上的意识和信念，增强学生服务农业农村现代化、服务乡村全面振兴的使命感和责任感，培养知农爱农创新人才。

——医学类专业课程。要在课程教学中注重加强医德医风教育，着力培养学生"敬佑生命、救死扶伤、甘于奉献、大爱无疆"的医者精神，注重加强医者仁心教育，在培养精湛医术的同时，教育引导学生始终把人民群众生命安全和身体健康放在首位，尊重患者，善于沟通，提升综合素养和人文修养，提升依法应对重大突发公共卫生事件能力，做党和人民信赖的好医生。

——艺术学类专业课程。要在课程教学中教育引导学生立足时代、扎根人民、深入生活，树立正确的艺术观和创作观。要坚持以美育人、以美化人，积极弘扬中华美育精神，引导学生自觉传承和弘扬中华优秀传统文化，全面提高学生的审美和人文素养，增强文化自信。

高等职业学校要结合高职专业分类和课程设置情况，落实好分类推进相关要求。

六、将课程思政融入课堂教学建设全过程

高校课程思政要融入课堂教学建设，作为课程设置、教学大纲核准和教案评价的重要内容，落实到课程目标设计、教学大纲修订、教材编审选用、教案课件编写各方面，贯穿于课堂授课、教学研讨、实验实训、作业论文各环节。要讲好用好马工程重点教材，推进教材内容进人才培养方案、进教案课件、进考试。要创新课堂教学模式，推进现代信息技术在课程思政教学中的应用，激发学生学习兴趣，引导学生深入思考。要健全高校课堂教学管理体系，改进课堂教学过程管理，提高课程思政内涵融入课堂教学的水平。要综

合运用第一课堂和第二课堂,组织开展"中国政法实务大讲堂""新闻实务大讲堂"等系列讲堂,深入开展"青年红色筑梦之旅""百万师生大实践"等社会实践、志愿服务、实习实训活动,不断拓展课程思政建设方法和途径。

七、提升教师课程思政建设的意识和能力

全面推进课程思政建设,教师是关键。要推动广大教师进一步强化育人意识,找准育人角度,提升育人能力,确保课程思政建设落地落实、见功见效。要加强教师课程思政能力建设,建立健全优质资源共享机制,支持各地各高校搭建课程思政建设交流平台,分区域、分学科专业领域开展经常性的典型经验交流、现场教学观摩、教师教学培训等活动,充分利用现代信息技术手段,促进优质资源在各区域、层次、类型的高校间共享共用。依托高校教师网络培训中心、教师教学发展中心等,深入开展马克思主义政治经济学、马克思主义新闻观、中国特色社会主义法治理论、法律职业伦理、工程伦理、医学人文教育等专题培训。支持高校将课程思政纳入教师岗前培训、在岗培训和师德师风、教学能力专题培训等。充分发挥教研室、教学团队、课程组等基层教学组织作用,建立课程思政集体教研制度。鼓励支持思政课教师与专业课教师合作教学教研,鼓励支持院士、"长江学者""杰青"、国家级教学名师等带头开展课程思政建设。

加强课程思政建设重点、难点、前瞻性问题的研究,在教育部哲学社会科学研究项目中积极支持课程思政类研究选题。充分发挥高校课程思政教学研究中心、思想政治工作创新发展中心、马克思主义学院和相关学科专业教学组织的作用,构建多层次课程思政建设研究体系。

八、建立健全课程思政建设质量评价体系和激励机制

人才培养效果是课程思政建设评价的首要标准。建立健全多维度的课

程思政建设成效考核评价体系和监督检查机制,在各类考核评估评价工作和深化高校教育教学改革中落细落实。充分发挥各级各类教学指导委员会、学科评议组、专业学位教育指导委员会、行业职业教育教学指导委员会等专家组织作用,研究制订科学多元的课程思政评价标准。把课程思政建设成效作为"双一流"建设监测与成效评价、学科评估、本科教学评估、一流专业和一流课程建设、专业认证、"双高计划"评价、高校或院系教学绩效考核等的重要内容。把教师参与课程思政建设情况和教学效果作为教师考核评价、岗位聘用、评优奖励、选拔培训的重要内容。在教学成果奖、教材奖等各类成果的表彰奖励工作中,突出课程思政要求,加大对课程思政建设优秀成果的支持力度。

九、加强课程思政建设组织实施和条件保障

课程思政建设是一项系统工程,各地各高校要高度重视,加强顶层设计,全面规划,循序渐进,以点带面,不断提高教学效果。要尊重教育教学规律和人才培养规律,适应不同高校、不同专业、不同课程的特点,强化分类指导,确定统一性和差异性要求。要充分发挥教师的主体作用,切实提高每一位教师参与课程思政建设的积极性和主动性。

加强组织领导。教育部成立课程思政建设工作协调小组,统筹研究重大政策,指导地方、高校开展工作;组建高校课程思政建设专家咨询委员会,提供专家咨询意见。各地教育部门和高校要切实加强对课程思政建设的领导,结合实际研究制定各地、各校课程思政建设工作方案,健全工作机制,强化督查检查。各高校要建立党委统一领导、党政齐抓共管、教务部门牵头抓总、相关部门联动、院系落实推进、自身特色鲜明的课程思政建设工作格局。

加强支持保障。各地教育部门要加强政策协调配套,统筹地方财政高等教育资金和中央支持地方高校改革发展资金,支持高校推进课程思政建

设。中央部门所属高校要统筹利用中央高校教育教学改革专项等中央高校预算拨款和其他各类资源,结合学校实际,支持课程思政建设工作。地方高校要根据自身建设计划,统筹各类资源,加大对课程思政建设的投入力度。

加强示范引领。面向不同层次高校、不同学科专业、不同类型课程,持续深入抓典型、树标杆、推经验,形成规模、形成范式、形成体系。教育部选树一批课程思政建设先行校、一批课程思政教学名师和团队,推出一批课程思政示范课程、建设一批课程思政教学研究示范中心,设立一批课程思政建设研究项目,推动建设国家、省级、高校多层次示范体系,大力推广课程思政建设先进经验和做法,全面形成广泛开展课程思政建设的良好氛围,全面提高人才培养质量。

附录2
浙江省高校课程思政建设实施方案

为深入学习贯彻习近平总书记关于教育的重要论述和全国、全省教育大会精神,落实教育部《高等学校课程思政建设指导纲要》,全面推进高校课程思政建设,强化课程育人功能,提升课程育人实效,着力构建符合人才成长规律、体现时代要求、彰显浙江特色的课程思政体系,培养德智体美劳全面发展的社会主义建设者和接班人,特制定本实施方案。

一、总体要求

坚持以习近平新时代中国特色社会主义思想为指导,切实落实立德树人根本任务,坚决扛起"三地一窗口"的使命担当,牢固确立人才培养的中心地位,坚持将价值塑造、知识传授和能力培养融为一体,紧紧抓住教师队伍"主力军"、课程建设"主战场"、课堂教学"主渠道",在所有高校、所有学科专业全面推进课程思政建设,促使课程思政的理念形成广泛共识,广大教师开展课程思政建设的意识和能力全面提升,协同推进课程思政建设的体制机制基本健全。

五年内,培育一批课程思政示范课程,选树一批课程思政基层教学组织和课程思政建设示范校,设立一批课程思政教学研究项目,建设一批课程思政教学资源库和优秀案例,充分发挥示范典型的引领带动作用,全面形成广泛深入开展课程思政建设的良好氛围。

二、主要任务

(一)科学设计全面覆盖、类型丰富的教学体系,明确课程思政目标要求

坚持将思想政治教育贯穿人才培养体系。围绕建设高水平人才培养体系,结合学校发展定位和人才培养目标,有针对性地修订人才培养方案,切实落实本科专业类教学质量国家标准、高职学校专业教学标准和研究生学位基本要求,从学科专业建设、课程体系建设、课堂教学建设、教师队伍建设、实训环境建设、校园文化建设、评价激励机制等进行整体统筹和系统谋划,课程思政建设覆盖到所有院系、所有学科专业和所有教师,实现专业教育和思政教育有机融合,寓价值塑造于知识传授、能力培养之中。

结合专业特点分类推进课程思政建设。准确理解和把握课程思政建设的目标要求和内容重点,完善课程思政内容体系,统筹规划公共基础课、专业教育课、实践类课程的课程思政建设。要把专业课作为课程思政建设的重点,根据不同学科专业的课程建设要求,分类推进各学科专业的课程思政建设。进一步梳理各学科专业的价值引领元素,深度挖掘各类课程的育人元素,研究制定各类课程的课程思政教学规范及评价标准,明确课程思政融入课程教学的切入点,科学设计课程思政的具体实施路径,通过潜移默化、春风化雨的方式,实现知识传授、能力培养和价值引领有机融合,使各个专业教学院系、各位专业课教师都能在课程思政建设工作中找到自己的"角色"、干出自己的"特色"。

（二）着力打造育人特色鲜明的高水平课程，提升课程思政建设质量

课程思政是一流本科课程和职业教育精品在线开放课程的重要内容。全面推进特色鲜明的课程思政建设，着力打造既具有高阶性、创新性、挑战度，又具有课程育人时代性、针对性、实效性的一流本科课程，打造既传授职业知识和培养技术技能、又塑造正确的世界观、人生观、价值观的职业教育精品在线开放课程，突出课程的价值引领。加大一流本科课程和职业教育精品在线开放课程省级认定及国家级推荐评审标准的"课程思政"权重。对已认定的省级课程开展年度质量抽检工作，将课程思政建设纳入抽检工作的重要内容，建立课程质量预警及退出机制。

强化示范引领，培育一批以专业课为主体的课程思政示范课程，并优先从省级、国家级课程中遴选建设。鼓励高校重点建设或联合建设一批提高大学生思想道德修养、人文素质、科学精神、劳动精神、宪法法治意识、国家安全意识和认知能力的公共基础高水平课程，尤其要充分利用浙江历史地理、政治经济、人文资源等，建设好一批具有浙江特色、校本品牌的系列核心通识高水平课程或课程群。

（三）有机融入课堂教学全过程，创新课程思政教学

融入课堂教学建设。学校要将课程思政作为课程设置、教学大纲核准和教案评价的重要内容。任课教师要将课程思政建设融入课堂教学，落实到课程目标设计、教学大纲修订、教材编审选用、教案课件编写各方面，贯穿于课堂授课、教学研讨、实验实训、课程考核各环节。

创新课堂教学模式。以学生发展为中心，推进现代信息技术在课程思政教学中的应用，通过教学改革促进学习革命，激发学生学习兴趣，引导学生深入思考，鼓励采用案例式、互动式、探究式教学，大力推进智慧教室建设，构建线上线下相结合的教学模式。

强化第二课堂育人实效。充分挖掘区域优质育人资源,形成第一课堂和第二课堂合力育人,组织开展"浙江人文大讲堂"等系列讲座,邀请一批地方知名专家学者、优秀企业家、劳动模范、工匠名师和抗疫英雄等为学生传播浙江精神、中国精神。有效利用各类红色基因场馆、基地等,进行案例分析、实地考察、访谈探究等,积极引导学生自主参与、体验感悟。深入开展"青年红色筑梦之旅""百万师生大实践"等社会实践、志愿服务、实习实训和创新创业活动等,大力弘扬浙江精神,不断拓展课程思政教学新途径。

(四)建设具有浙江特色的课程资源,丰富课程思政内涵

建好用好课程思政教材。结合浙江省情省史,建设一批具有浙江特色的课程教材资源。要讲好用好马工程重点教材,在统一使用国家统编思政教材之外,建好用好《中国特色社会主义在浙江的实践》《浙江精神与浙江发展》《红船精神与浙江发展》《红船精神与时代价值》等具有浙江特色的高等学校德育统编教材,使学生了解中国特色社会主义、中国梦和社会主义核心价值观等在浙江的实践历程、丰硕成果和伟大创造。要进一步扩大省规划教材、新形态教材建设"课程思政类"项目立项,促进传统教材的二次开发,做好课程思政类特色鲜明的规划教材、新形态教材的编撰、遴选与立项建设工作。以优秀教材推动社会主义核心价值观、红船精神、大陈岛精神等落地生根。

建立完善课程思政教学资源库。充分利用浙江"三地一窗口"的优势,建立课程思政优质教学资源库。要编撰良渚遗址、红船精神、"两山"理论、新发展理念、"八八战略""枫桥经验"、浙商文化等为代表的体现中华文明、浙江文化以及"三地一窗口"的案例库,建设视频、课件、习题、案例、实验实训(实践)项目、数字教材、数据集等优秀教学资源库,推动高校课程思政资源的开发与创新利用,使之成为激励高校师生的思想库、加油站。

建设课程思政资源信息化平台。要注重"互联网+"等现代信息技术手段与方式的创新利用,基于学生学情进行课程思政信息化平台建设和在线课程资源的开发,满足不同专业不同年级学生的学习需求,主动及时地提供

集思想性、科学性、时代性于一体的课程思政网络资源。探索建立全省高校课程思政教学资源共享平台,实现各类优质资源的协同共享。

(五)提高教师课程思政教学意识和能力,确保课程思政落到实处

聚焦育人意识,加强师德师风建设。坚持把师德师风作为第一标准,坚决克服重科研轻教学、重教书轻育人、重理论轻实践等现象,将师德师风纳入课程思政考核评估首要要求,强化教师思想政治素质考察,落实新时代高校教师职业行为准则,健全教师荣誉制度,引导广大教师教书育人和自我修养相结合,做到以德立身、以德立学、以德施教,更好担当起学生健康成长指导者和引路人的责任。

聚焦能力培养,提高教师课程思政教学能力。加强对专业课教师的思想政治理论教育,引导教师提升政治理论修养和思政教学能力,拓展对习近平新时代中国特色社会主义思想、优秀传统文化和学校校史校情的认知。支持高校将课程思政纳入教师岗前培训、在岗培训和教学能力提升等工作。依托高校教师网络培训中心、教师教学发展中心等,深入开展马克思主义政治经济学、马克思主义新闻观、中国特色社会主义法治理论、法律职业伦理、工程伦理、医学人文教育、大国工匠及劳模精神等专题培训。在青年教师教学基本功大赛、课堂教学创新大赛及教师教学技能大赛等活动中强化课程思政导向,以赛促建、以赛促教。鼓励高校搭建课程思政建设交流平台,建立健全优质资源共享机制,分区域、分学科专业领域开展典型经验交流、专题研讨、现场教学观摩、教学设计案例分享等活动,引导教师挖掘专业课程中的思政元素,自觉加强课程思政建设,不断提升课程思政教学能力。

聚焦教学教研,构建课程思政研究体系。充分发挥教研室、教学团队、课程组等基层教学组织作用,建立课程思政集体教研制度。鼓励支持思政课教师与专业课教师合作教学教研,鼓励支持高层次人才带头开展课程思政建设。加强课程思政建设重点、难点、前瞻性问题的研究。充分发挥高校课程思政教学研究中心、思想政治工作创新发展中心、马克思主义学院和相关学科专业教学组织的作用,构建多层次课程思政建设研究体系。

（六）建立评价激励机制,提升课程思政实效性

抓机制建设,压实主体责任。建立健全多维度的课程思政建设成效考核评价体系和监督检查机制,在各类考核评估评价工作和深化高校教育教学改革中落细落实。落实高校党委主体责任,省教育厅将学校课程思政改革推进情况纳入高校本科教育和高职教育述职评议范围,把课程思政建设成效作为本科教学分类评价、一流专业和一流课程(职业教育精品在线开放课程)建设、高职"双高"建设及教学工作业绩考核等的重要内容。高校要将院系课程思政建设质量、内容、成效等工作情况纳入院系人才培养工作考核。

抓价值引领,优化评价体系。充分发挥各类专家组织作用,研究制订科学多元的课程思政评价标准。在课程教学质量评价体系中突出价值引领,引导院系和教师将其融入每门课程目标和教学过程中,将学生的认知、情感、价值观等内容作为课程教学效果的重要考量因素。通过学生评教、督导评课、同行和党政领导听课等方式,将客观量化评价与主观效度检验结合起来,综合考量课程教学的融入度和对学生的影响度,以科学评价提升课程思政育人效果。

抓教学效果,健全激励机制。建立课程思政示范课程建设激励机制,把教师参与课程思政建设情况和教学效果作为教师考核评价、评优评先的重要内容。在教学成果奖、教材奖、教学名师等各类成果的表彰奖励工作中,突出课程思政要求,加大对课程思政建设优秀成果的支持力度。

三、保障措施

（一）强化分类施策

课程思政建设是一项系统工程,各高校要高度重视,加强顶层设计,全

面规划,循序渐进,以点带面,不断提高教学效果。要尊重教育教学规律和人才培养规律,根据校本特色,适应不同专业、不同课程的特点,强化分类指导,确定统一性和差异性要求,坚决杜绝一刀切。要充分发挥教师的主体作用,切实提高每一位教师参与课程思政建设的积极性和主动性。

（二）加强组织领导

省教育厅成立高校课程思政工作领导小组,统筹研究重大政策,指导督促各高校开展工作。各高校建立党委统一领导、党政齐抓共管、教务部门牵头抓总、相关部门联动、院系落实推进、自身特色鲜明的课程思政建设工作格局。各高校要切实加强对本校课程思政建设的领导,结合实际研究制定本校课程思政建设工作方案,健全工作机制,强化督查检查。

（三）加大经费支持

省教育厅将加强对省级财政高等教育资金的统筹使用,支持课程思政建设工作。各高校要结合学校实际,统筹各类资源,加大对课程思政建设的投入力度。

（四）营造良好氛围

要注重总结凝练,加强课程思政建设的典型经验和优秀做法的宣传、交流和推广。创新宣传推广形式和渠道,将专业学习的显性教育和校园文化氛围的隐性教育相结合,创设有高度、有深度、有温度的育人环境。要坚持成果导向,固化课程思政建设成果,推进课程建设、教材建设、教学改革等,全面提高人才培养质量。